传
记
文
库

特立,不独行

胜利的幕后

EMMANUEL MACRON

一位记者眼中的
法国总统马克龙

[法] 弗朗索瓦-泽维埃·波芒德 著
张园园 译

新星出版社 NEW STAR PRESS

献给安-伊莲娜和克拉拉

目　录

第一部分　雄心壮志之旅 / 1

- 3 ｜ 引　言
- 8 ｜ 第 一 章　就像一通电话那么简单
- 15 ｜ 第 二 章　弗朗吉的悲剧性聚会
- 19 ｜ 第 三 章　在这位银行家身上下全部赌注
- 24 ｜ 第 四 章　才华横溢的马克龙先生
- 31 ｜ 第 五 章　另一所不良学校
- 35 ｜ 第 六 章　权力交接
- 39 ｜ 第 七 章　那个连名字都不能提的人
- 43 ｜ 第 八 章　镁光灯下的生活
- 48 ｜ 第 九 章　冒失
- 55 ｜ 第 十 章　一份近乎完美的文件
- 61 ｜ 第十一章　头等生综合征
- 65 ｜ 第十二章　双人椅
- 70 ｜ 第十三章　老板的宠儿
- 77 ｜ 第十四章　如何告别
- 81 ｜ 第十五章　小心脚下
- 85 ｜ 第十六章　布鲁图斯的衣衫
- 90 ｜ 第十七章　诊断
- 95 ｜ 第十八章　我是候选人

第二部分　竞选日志 / 99

博福特总统：我可要批评您，我把您从左派里选了出来，但您在议会中却只支持那些企业主的项目。

议员朱西厄：左派也有企业主啊！我一直想告诉您来着。

博福特总统：是。而且还有飞鱼党，但他们不是多数派。

——尚·嘉宾，路易·阿尔贝司，电影《总统》（1961年）
导演：亨利·维尼尔，编剧：米希尔·奥迪亚

2017 年 5 月 7 日，星期日，晚 10 点 30 分

　　埃马纽埃尔·马克龙独自一人出现在卢浮宫前的方形广场上。《欢乐颂》的乐曲在空中回荡。他缓步踱向舞台，向朝他欢呼的支持者们挥手致意。他的身后是由卢浮宫和玻璃金字塔组成的背景，代表着文化、法国和历史。这里是共和国总统第一次发表公共演讲的标志性地点。

　　就在 2017 年 5 月 7 日这个周日，埃马纽埃尔·马克龙以 66.06% 的选票大败支持率仅为 33.94% 的玛丽娜·勒庞[①]，当选法兰西第五共和国的第八任总统。39 岁的他不仅是这一职位最年轻的候选人，也是西方民主国家最年轻的国家领袖。他的成功锋芒毕露，出人意料。谁能想象这位在前三年中还名不见经传的前奥朗德政府顾问能够取得如此大的飞跃？

---

①法国政治家，法国极右翼政党"国民阵线"原领导人，2012 年和 2017 年代表该政党参加法国总统大选。

谁又能预计到这位让社会党①人嘘声四起的前银行家竟能以如此非凡的姿态夺得这场史上最为旷日持久、饱受争议又角逐激烈的总统选举的胜利？也许除了马克龙自己，谁也不曾料到这样的结局。而一切才刚刚开始。

在这次周日晚上向民众发表的讲话中，马克龙首先向他的支持者致敬："谢谢我的朋友们，谢谢你们今晚齐聚一堂。几个月以来，你们一直在勇敢地战斗。是的，今天晚上，你们胜利了，法国胜利了！我们在这几个月所做的，前所未有，绝无仅有。所有人都告诉我们这是不可能的。但这是因为他们不了解法国！"

不过，他要感谢的不仅仅是他的支持者。马克龙知道他当选的情况实属特殊。他之所以能够大幅领先，还因为人们将他视为抵御玛丽娜·勒庞所代表的极右翼的一道防线。同样的情形曾在2002年上演。当时，为了抵抗国民阵线的让-玛丽·勒庞②，一部分右翼选民将选票投给了雅克·希拉克③，由此促成了后者的胜利。马克龙的胜利赋予了他使命感。"你们展现了决心，而我知道这不是给我的自由行事权，"他对民众说道，"我会忠于我许下的承诺，我将捍卫共和国。"至于勒庞的选民，马克龙表示，"我将在今后五年尽我所能，让他们不再有理由给极端党派投票。"

当选当晚，马克龙就知道，虽然他的竞选活动已经落下帷幕，但对他来说，一切又将重新开始。他的五年任期将困难重重。他接手和需要调和的是一个正被分歧割裂、问题丛生的法国。"我们眼前的任务十分艰巨。"他承认。除此之外，当选的庆祝活动也并不是肆意狂欢。更确切地说，它的气氛冷静，而不是沾沾自喜。

演讲结束后，卢浮宫前的广场很快就空无一人。马克龙回到了他的竞选总部——现在，他已然被赋予了各种新使命。德国总理安格拉·默

---

①法国左翼政党，1902年3月由独立社会党联盟、社会主义工人联合会及革命社会主义工人党等合并而成。
②法国极右翼政党"国民阵线"的创建者，玛丽娜·勒庞的父亲，又称老勒庞。
③法国著名右翼政治家，曾任法国总统和法国总理。

克尔向他致电道贺——他们将携手合作，重振欧洲；英国首相特蕾莎·梅也打来了电话——他们将一起推进英国的脱欧进程。晚间，他还接到了包括加拿大总理贾斯廷·特鲁多等在内的众多外国元首的电话。

马克龙披上了这件前总统弗朗索瓦·奥朗德曾经身着的华服——曾几何时，他指责过这件衣服的主人的不作为。现在，该轮到他证明自己了。他要独自面对的是一个从未如此分裂的法国；他要独自面对的是他身处的历史阶段和这个动荡的世界；他还要独自面对自己的命运。这位年轻总统的特殊命运与特殊的选情相交织：社会党的轰然崩塌，右翼竞选之路的意外环生，国民阵线的强势推进，以及极左翼的不俗表现。曾经，他梦想成为一名作家，但现在，他即将担任共和国的总统，这本身已经是一部小说。他起初是"国王"的年轻顾问，因为后者无人倚赖而得到召见。在他决定接受任命时，他并不知道有一天自己会代替这个人，以一敌众，参与征服爱丽舍宫的角逐，一路过关斩将。马克龙所面对的局势充满了不可能，简直近乎传奇，但他的顽强和认真终于让他在2017年5月7日的这个周日入驻爱丽舍宫，并成就了他的故事。

他曾在去年3月的竞选期间告诉我："历史上有很多飞速发展的时刻。在我看来，我们现在所处的时代正是这样的时刻。在过去的五年中，恐怖主义滋生，经济和科技版图急剧变化，我们的民主制度也在经历大规模变革。面对这样一个一切都在飞速前进的时刻，我所走的这条路线是有可能成功的。"两年间，我一直在追踪他的动态，目的是撰写他的传记——《想成为国王的银行家》[①]。作为一位前途光明的年轻部长，他对"打破政治成规"的渴望令他引人注目。同时，他也是一个雄心勃勃的人。最主要的一点是，他尤为让人好奇：他能够走多远？带着这样的疑问，《费加罗报》（Le Figaro）要求我对他进行每日跟踪。

---

① 群岛出版社，2016年。

2016年4月——也就是马克龙创建自己的政治运动"前进运动"的时刻——他成了政治舞台的一名演员。虽然那时的他还不是主角,但已经显露出将会影响2017年总统选举的迹象。虽然从未有确切的迹象表明他一定能够成功当选。随后发生的一切不过是在证明这一点。在他的整个上升过程中,在他战胜阻碍的每一步中,质疑都与他如影随形。他会从贝西①辞职吗?他会参加总统竞选吗?他能获得支持吗?他能成功组织竞选活动吗?他经受得住压力吗?他能够击败玛丽娜·勒庞吗?而现在,问题又变成了:他能胜任五年任期吗?因为他已经成了法国总统。而就算他的成就无法被载入法国的大历史中,它至少也会在法国的政治史上留下印记。

他对此深信不疑,并将自己视为圣女贞德、拿破仑和戴高乐的继承者。他出人意料,他的崛起突如其来,并将拯救他的国家。作为一名记者,我无法对此加以评判,历史学家自有定夺。不过,这一伟大的奇迹不会被遗漏。我追随了马克龙和他与众不同的竞选之路的每一步,最终写成了这本竞选日志,它建立在马克龙、他的妻子布丽吉特以及他的团队所给予的信任的基础上。本书的内容也来自《费加罗报》上刊载的文章,还有在以往竞选中从未有过的如此纷繁的辩论。所有这些材料构成了一种视角,让读者通过我的双眼见证马克龙那令人难以置信且出乎意料的崛起。最终,他成功了,一马当先,战胜了所有预测,成了法兰西共和国的总统。

---

① 位于巴黎12区,也是法国经济部所在地。马克龙在参加总统竞选前,曾担任法国经济部部长。

第一部分

雄心壮志之旅

引　言

2014年夏天的一个晚上，他突然登场。他的出现引发了广泛的惊异，首当其冲的就是他本人。在与政府内社会党左翼代表阿诺德·蒙特布尔①和波努瓦·哈蒙②决裂后，处于政治风暴中心的共和国总统弗朗索瓦·奥朗德决定委派他的前经济顾问和总统府副秘书长埃马纽埃尔·马克龙入驻贝西。这位不为世人所知的年轻人在36岁就成了法国经济、产业更新和信息技术部部长。

奥朗德打了一记好牌。前银行家、国立行政学院毕业生、从未经过民选……在社会党人和社会党左翼眼中，他有着各种缺陷。他们很快就将奥朗德任命马克龙视为一种信号：奥朗德决定放弃他在2012年竞选时做出的承诺——他曾在勒布尔热市③的演讲中将金融视为自己的仇敌。然而，在短短不到一年的时间里，马克龙就将成为最受民众欢迎的政治家

---

①法国政治家，曾于2012年至2014年任法国工业振兴部部长。
②法国政治家，法国社会党成员，后参加2017年法国总统选举。
③法国法兰西岛大区的一个市镇，位于巴黎东北部。

之一。2016年年底,他又将迎来决定性的一刻——他将宣布以候选人的身份参加2017年的总统选举。在这场竞选的初始阶段,他似乎有望争夺第三名的位置。有时,民调甚至预测他会取胜。这在第五共和国的其他选举中前所未见。虽然没有人认为有谁一定会当选,尤其是他。总部设在索尔菲雷诺路的法国社会党也没有太看中他,在他得到任命时,他们不过将他视为一名年纪轻轻的优秀"技术人员"。在他们看来,他绝不会成为有潜力的总理人选,更不可能成为总统。

念出马克龙的名字本身就像是一个玩笑,尤其是在社会党人面前这么做。人们的反应不约而同:先是叹一口气,翻个白眼,然后摆出一副厌烦的神态:"马克龙又想怎么样?"自从这位年轻的现代左派奇才接受任命,他那超脱社会党人教条的政见,他每一次激烈辩论,以及他想废弃政治阶层,只想做自己的倾向就成功地激怒了他的同事们。他是在煽动什么吗?故意为之的策略?业余主义[①]?起初,只要人们论及他的野心,都会觉得他有"鸿鹄之志"。他的目标至少是定在了马提尼翁府[②],做得好的话,甚至可以去爱丽舍宫,除非他志在别处。马克龙并不理会这些说法,他从不否认什么,而且还告诉周围人自己随时可以退出政坛。真是令人琢磨不透。他难道只追随左翼吗?社会党中很少有人这么认为。他应该抱有的是右派的雄心壮志,却迷失在了左派队伍里,没错。他可不是开山鼻祖。弗朗索瓦·密特朗远在他那个时代,就曾将职业的起点放在了他最终所隶属的阵营的对立方。而马克龙则向人们保证,他没有走错阵营。

2015年12月的一天,马克龙在满满当当的日程里,从两个会面中挤出了一点时间,在贝西的办公室接受了我的采访。"我,还有我心目中的左派是开放的、有雄心壮志的,它要为所有人创造平等的机会。我并不

[①] 知识分子与学院体制里专业主义保持距离的一种批判姿态。
[②] 法国总理官邸。

赞同最高理想是实现平均的左派平均主义者。"他解释道。这是他任职以来一直持有的观点。然而，要说服他的阵营并非易事。对不少社会党人来说，马克龙仍需证明自己心系左派。即使是奥朗德也在拿他取笑，时不时讥讽他为自己的"右翼部长"。而右翼的政党也在垂涎，等待一位强有力的类似人物从党内冉冉升起。马克龙支持他所在阵营的革新。和他的前人一样，他表达了要通过彻底改革以重振国家的承诺。这是他的雄心。他要结束四十余年居高不下的失业率，他要纠正活力尽失的公共账户，他要全面恢复法国经济。这一切是以果敢为前提的，首先要做的就是要努力游说他所在的阵营，让他们考虑那些从未被左派采纳的建议。正是由于马克龙做出了众多的尝试，他也受到了党派内部的排挤。当然，也并非所有人都在排挤他。

在一部分社会党人——也就是那些改革派——眼中，他是极力抓住机会拯救左派的那个人。奥朗德甚至将他视为自己再次参加2017年大选的王牌。在左翼阵营——他们并不愿意奉行现已公开的社会自由主义政策——看来，马克龙能吸引中立派和右派的选票。诚然，他并非是头一个将自己置于这个"有责任感的"的左派圈子的人。曼努埃尔·瓦尔斯①就曾在这个圈子里铸造了自己的成功，他的前任——特别是雅克·德洛尔②和米歇尔·罗卡尔③——也一样。然而，与他们相比，马克龙还有着另外一大优势：他不属于任何政治门阀。这在对政客能力质疑声越发激烈的法国社会中，不啻为一项长处。而且他也利用了这一点。但他的目的地定在何方呢？当他来到贝西时，他自己似乎也并不清楚。眼下，他正在等待时机，并努力让所有大门都保持敞开。这不同于一般政治人

---

① 法国社会党政治家。2002年当选法国国民议会议员，自2012年5月以来担任内政部部长。法国总理艾罗3月31日递交辞呈后，法国总统奥朗德宣布任命曼努埃尔·瓦尔斯为新总理。2016年12月5日，瓦尔斯宣布放弃总理连任，正式宣布参加2017年总统选举的左翼阵营初选，并于6日递交辞呈。
② 法国著名政治家，1974年年底加入社会党，曾连续三届任欧共体委员会主席。
③ 法国社会党政治家，曾任法国社会党第一书记（1993—1994）和法国总理（1988—1991）。

物的传统行事方式，政治人物对竞选的担忧往往会成为他们行动的阻力。不过，这也让选民在他身上投射了法国式的幻想，认为他是经上天指派，志在拯救法国的人。而他则对这些想法置之不理，打趣地说："我不会去揣测那些关注我的人的想法，我还没发展到精神病的阶段……"然而他也看到了人们寄予的厚望。他浏览民调，观看新闻，从朋友处获取信息，并观察着公众对他的私生活的兴趣——为了阻拦八卦杂志的好奇心，他也做出了很大努力。他看到了他所激起的期待，以及他逐渐在政府的同事中所引发的嫉妒。曼努埃尔·瓦尔斯把他当作乳臭未干的小子，态度极为粗暴。奥朗德的昔日伙伴从不放过任何能对他落井下石的机会。与社会党内的"投石党人"[①]相比，本该给予他支持的人也没有对他友善到哪里去。

　　为了不破坏一切，马克龙展现了超凡的谅解。这个男人很容易令人倍生好感，有时仅仅是一次握手或是一次讨论就能让人和他成为朋友。他的朋友遍布各处，从权力圈到高管，从金融界到商业领袖。他那充满人性的温暖甚至为他赢得了政治对手和中伤者的友谊。马克龙令人着迷，而且他也深谙此道。他同时也是个极富诱惑力的人，这是政治家最重要的品质。难道在这个被他时常批评为过时的政治世界里，他只是想谋得一官半职吗？他曾发誓自己不过是这个领域的过客，到60岁时一定会过另外一种生活。在37岁的年纪，他已经拥有了两倍于同龄人的履历。在差不多两年的时间内，他已经对贝西带来的过分曝光的部长生活有所体验：为捍卫自己的法案[②]而在议会进行的痛苦辩论，极力想遏制的媒体过分曝光，对那些不够光明磊落的攻击的全力反击，以及政治生活中阴险卑鄙的招数和稀松平常的阴谋。他并不是注定能得到现在的成就，甚至

[①]投石党运动是一场西法战争（1635—1659年）期间发生在法国的反对专制王权的政治运动。
[②]指2014年法国为促进经济增长而推行的一项大规模经济改革计划，其正式名称为《促进增长和经济活动法案》。由于该法案由马克龙提出，也被简称为《马克龙法案》。

连他本人也承认自己在前进道路上的机缘巧合。自求学期间起，他就任自己接连涌现的兴趣左右：他先是学习哲学，然后来到巴黎政治学院，之后奔向国立行政学院，再后来又成为财政监察员[①]。马克龙"随波逐流"，不过他的前进是有罗盘的：公众利益和公民活动。由此，他被引向了贝西。但这一切也是巧合，让他得以任命的一系列事件是无法预测的。他的职业的这一转向让他驶入了另一片天地——爱丽舍宫。他的崇拜者们认为他一定能够参加总统选举。为了达到这一目标，还需要他本人的意愿。然而，政治的"病毒"正在接近他。那是2014年8月的一个晚上，奥朗德让他染上了这种病毒。

[①] 马克龙先于巴黎第十大学学习哲学，获得高等深入研究文凭 (DEA) 学位，此后进入巴黎政治学院和国立行政学院获得相应文凭。在从国立行政学院毕业后，他进入财政监察局担任财政监察员。

第一章　就像一通电话那么简单

"也许有些人在小时候梦想成为经济部部长，但是我得诚实地说，我从来没有这样的愿望。比起政客，作家和伟大的军事家更吸引我。"

马克龙接受采访，2015年12月11日

马克龙不会想到，当电话铃在一分钟后响起时，他的人生会彻底改变。须臾之间，他就会被置于奥朗德五年任期中最为凶险的一场政治风暴的中心。他被推向了风口浪尖，首当其冲的就是重振国家的经济。其次是与"反叛"的社会党人角力，这些人自总统上任的第一天起就没有停止过对国家元首决策的挑衅。他就像草粮一般被送往那些部长们的手中，而后者最热衷于观看新兴人才被纳入政治版图之中。面对不知该如何对付他这样优秀的年轻人、但同样想将他收入麾下的右派，他的任命被视为挑衅。在36岁的年纪就成为经济部部长——这个第五共和国最有声望的职位之一——的他还被视作向极左派和很多社会党人竖起的轻蔑手势。在他挂断电话的那一刻,随之而来的还有荣耀和名望,以及正在等待他的圆满人生。不过眼下,马克龙什么也没有察觉到。他正在骑自行车。

此时离他辞去爱丽舍宫副秘书长一职还不到两个月。在加利福尼亚短暂的休假后,他终于与妻子在自己位于勒图凯①欧帕勒海岸的家中享受起了家庭生活。在这段时间里,他也开始计划未来:教书、创业、咨询、写作……一切皆有可能,一切也都各就各位。几天后,他就会在伦敦政治经济学院和海尔蒂管理学校开设有关"欧洲改良主义"的系列课程,每周讲课一次。他还创办了一家网络教育创业公司,旨在打造类似托福的学生知识水平全球评估系统。他甚至已经为公司选好了名称和商标,一切就绪,只待启动。此外,马克龙还在策划成立一家咨询公司。他把这些计划一股脑都告诉了自己的朋友和熟人。在他心中,他已经启航。和他的很多前任一样,马克龙既可以在私有领域找到一份位高权重且薪酬不菲的工作,也可以回归他的本行——金融监管局。他倾向于一个全新的开始,挥别他曾经有所考虑的政治生涯。

就算他想回归政治,也不是现在。他的机会早在六个月前就过去了。2014年6月,瓦尔斯借助政府的重组,接替让-马克·艾罗成为总理,而马克龙则不得不眼睁睁地看着自己错失国务预算秘书一职。他曾经梦想得到这个职位,但奥朗德却并不这么想。为什么要把这样的职位交给这个36岁的国立行政学院毕业生呢,他以前从未当选民选代表,从未在政党活动分子的真实战场上参与过正面交锋,从未在议会抛头露面,也从未熟悉过社会党辩证法?对奥朗德来说,答案无疑是否定的,他不可能将马克龙放在如此重要的一个位置上。被委以重任的年轻人是要被推向政治斗争前线的,并能在那里找到自己的最后归属。虽然奥朗德没有采

---

① 法国北部的市镇。

纳瓦尔斯的意见，但他也很小心，没有向马克龙吐露半分消息——就算他每天都会和后者在爱丽舍宫见面。他表现得好像一切都没有发生。这就是奥朗德的风格。共和国的总统惯用的手段。

马克龙也没能幸免。错失机会后，他决心离开爱丽舍宫，而且正如他对笔者所说的，对能够"重新找回自由""畅所欲言"和"自己做决定"而感到高兴。与此同时，他也有了成就感。他说，奥朗德的五年计划已经出炉，没有必要"每六个月重新做一次经济规划，我们已经进入了执行阶段"。但一切并没有尘埃落定。

紧随重组而来的，是新一任秘书长让-皮埃尔·朱耶入驻爱丽舍宫。朱耶曾担任过财政监察长，因而与马克龙熟识，并与后者结下了深厚友谊。马克龙就像是他的爱徒，是他未来的赌注。不过对马克龙来说，事情并非那么简单。在这之前，他在处理总统府经济事务方面一直占据上风。前任秘书长皮埃尔-勒内·勒马对经济并不怎么精通，那不是他擅长的领域。这位前省长更擅长处理行政事务。鉴于此，作为副秘书长的马克龙享有对经济事务的绝对话语权。所以尽管让-皮埃尔·朱耶是他的老友，他的到来还是改变了马克龙的一切。曾经的一号人物自然而然地退居到二线。曾是萨科齐政府欧洲事务部部长的朱耶比马克龙更有资格处理经济问题。以上这一点，再加上奥朗德将他拒之核心圈之外的举措让马克龙相信，是时候该转向别处，并翻开人生的新一页了。而且，还有什么理由再等待下去呢？新的政府班子已经到位，它会辅佐总统直至其2017年任期的结束。在动荡不安的社会党海面上，漂着两个意欲维护政府稳定的浮标：右侧由曼努埃尔·瓦尔斯把守，他的讲话涉及军事和安全问题，倾向社会民主主义；左侧则是阿诺德·蒙特布尔和波努瓦·哈蒙，还有财政紧缩政策的批评者们，以及支持欧洲复兴的人。在这样一支队伍里，马克龙找不到他的位置。机会已经不再，总结的时间到了。

他在奥朗德身边和爱丽舍宫已经待了两年，如果算上他担任当时还是社会党候选人的奥朗德的竞选顾问、并帮助他做项目预算的年月的话，那就有四年时间了。自从他于2010年加入共和国总统的团队，他就成了那个极大地激发了后者经济政策的人。帮助总统建立社会民主主义，有他的一份功劳。将企业设为优先发展对象以对抗失业，也离不开他的贡献。提高税率、降低赤字、削减政府开支也有他的身影。通过"就业竞争力公税"（即 crédit d'impôt pour la compétitivité et l'emploi，很快，人们将以缩写"CICE"来称呼它）降低企业赋税，依旧是他的提议。以上这些既让他在短时间内树敌无数，也让他鹊起：两年的爱丽舍宫副秘书长经历让马克龙成了"总统旗下的右派"。他被视为社会党内的自由主义者和入侵者，他的理念和政策是党内左派竞相打击的对象。他的过往经历也是攻击的目标。因为除了他务实的经济理念以外，在每一个有自尊心的真正左派眼中，马克龙有一个"与生俱来"的缺陷：他曾经的投资银行家身份，而且还是在罗斯柴尔德银行[①]。因此，他不是一个值得往来的人。在一部分社会党人眼中，他抛弃了左派所坚持的价值和理想，他要将法国推向自由主义的混乱状态。他是旧时阶级革命的敌人，是与工人对立的资本家。在这个有一部分人甚至不愿承认柏林墙已经轰然倒塌、资本主义模型已经在世界范围内取得成功的社会党中，一些人最感兴趣的，莫过于重新打响属于20世纪的斗争。这些事情能够唤起他们最遥远的青年时代记忆，让他们继续沉湎于过去四十年来所做的幻梦中，即他们什么也没有做错。对于这一部分社会党人来说，马克龙是最好的出气筒。

马克龙从来都无法真正理解这群人。他也没有和他们抗争过，毕竟他作为副秘书长的身份不属于爱丽舍宫的前线。私下里，他抨击了那些靠贷款度日的"佳信银行[②]式"和"只想着无限延伸自身权力"的左派。

[①] 欧洲乃至世界久负盛名的犹太金融家族罗斯柴尔德建立的老牌银行。
[②] 法国巴黎银行集团的消费信贷公司。

当他还穿着共和国总统副秘书长的官服时，他当然不能做出这样的批判。但是，如今他离开爱丽舍宫了，他感觉自由多了，可以将自己身处国家权力顶端时身负的重重约束抛开了。与党内多数派的力量平衡关系、来自"反叛者"的无尽指责、社会党重量级人物的打击，所有这些都结束了。他待在自己位于勒图凯的家中，几乎没有去关注在几百公里外的弗朗吉昂布莱斯正要上演的政治闹剧。在那里，阿诺德·蒙特布尔和波努瓦·哈蒙正在争分夺秒地筹备中，而他们的所作所为将会改变马克龙的人生轨迹。但眼下，马克龙已经从中脱身。他正在发表讲话。他刚刚接受了《观点》杂志的访问，讲述他所知道的真相。

采访他的人是艾蒂安·热尔内勒，这位杂志主编正在收集马克龙知道的隐情。起初，热尔内勒提议办一场论坛，但是马克龙抽不出时间——他把全部精力都投入到新生活的筹备中去了。于是，杂志社只能安排采访。在2014年年初，《观点》决定策划一期名为"谁能拯救法国"的栏目，他们还缺一位社会自由主义的代表，而那时的马克龙已经可以自由发表言论了。劳动力市场改革、放宽每周35小时的工作制、节省预算……他几乎粉碎了左派的所有信条。但是问题来了，就在马克龙结束杂志社访谈、杂志即将在报亭上架之际，他突然要成为经济部部长了。对此还一无所知的他仍然在毫无拘束地发表自己的经济观点。"他对能够公开表达心中的想法很满意。"热尔内勒回忆道。在这一采访中，他已经展示出了很快就会被称为"马克龙主义"的思想：一份另辟蹊径，对社会主义常规路线进行重新考量的辩词。为什么要取消社会党历来推崇的35小时工作制？"这么做是为了摆脱就业人群的累积权利给无业者带来的不利障碍。"马克龙解释道。他也清楚这一观点"很难得到支持，尤其当我们是左派的时候"。在他看来，"虽然作为社会党人，我们一直秉承的宗旨是提高工人的正式权利，但是现实却需要我们考虑所有人的权利，特别是那些没有工作的人"。面对努力捍卫已有权益和为工薪阶层争取新特权的左派，他很难为自己的想法辩护。而且就马克龙本身来说，他尤其不是具备合适条件的那个人。

首先一点原因就是，他很富有。虽然他不是亿万富翁，但也并不缺钱。投资银行的背景让他在面对未来时能够毫无顾虑。2010年9月到2012年5月间，作为罗斯柴尔德主理合伙人的他税前收入为200万欧元。这笔钱足以让他将自己在勒图凯的房子翻修一新，他还在巴黎的15区买下了另一套公寓。虽然他的资产并没有超过130万欧元的巨富税征税下限①，但也足以引起社会党人的怀疑。在以仇富著称的社会党中，他难道不是第一个有如此背景的党员？马克龙确实是这样一个人，他自己对此也并无隐瞒。此外他还极富魅力，令人着迷。更可贵的是，他还富于幽默感，既有活力又充满雄心壮志。他一定会回归政治的，奥朗德甚至也相信这一天终会到来。"埃马纽埃尔会回来的。"在他的副秘书长的欢送宴上——冷餐会是在冬季花园的玻璃顶下举行的——总统以这样一句话结束了讲话，这足以证明马克龙在总统团队中所取得的地位。奥朗德的这番话只是一个预测，但是这并没有妨碍马克龙展露他的与众不同。在那天前来欢送他的人群前，他对与自己在爱丽舍宫并肩作战的同僚阿基利诺·莫莱尔②表达了敬意。这虽然是一种引人侧目的行径，但也显示了马克龙的忠诚。在被媒体谴责与一家制药厂有过勾结，以及在爱丽舍宫"私藏"了一名鞋匠③之后，莫莱尔——这位前奥朗德政府的宣传顾问——被毫不客气地逐出了爱丽舍宫。在法院还没给他"定罪"前，媒体爆出的丑闻就已经将这位蒙特布尔的亲信扫地出门。但马克龙从来没有抛弃过莫莱尔，并且仍在继续与他保持经常性的联系。那件事情距离现在，也就是2014年7月的这场告别宴不过才两个月。"我会离开一小

---

① 法国对包括动产与不动产在内的财产净值超过130万欧元的纳税户实施高额巨富税。
② 弗朗索瓦·奥朗德政府的顾问，曾任宣传部部长。
③ 莫莱尔曾被指控在爱丽舍宫设立私人沙龙，其中包括专门为他擦鞋的鞋匠。

段距离，好好反思，也许也会去寻求一些指点。不过，只要您有需要，我就在这里。"他对共和国的总统说。这话说得很对，他的电话铃响了，正是奥朗德打来的。共和国的总统需要他。

第二章　弗朗吉的悲剧性聚会①

"我是在 2014 年 8 月 26 日下午 3 点的时候收到总统的电话的。他提议我接管阿诺德·蒙特布尔手上的事务,蒙特布尔已经在周一早晨被免去了政府职位。而我的情况是,我已经离开爱丽舍宫了,我有新的人生前景。自从我离开以后,我避免发表与政治相关的任何评论,也没有任何干涉或参与。"

马克龙接受采访,2015 年 12 月 11 日

彻底改变马克龙命运的政治闹剧是在一个叫作弗朗吉昂布莱斯的地方上演的。在这个深藏于索恩-卢瓦尔省中心地带的小镇和选区里,蒙特布尔每年都会在 8 月底举办他们的传统节日——"玫瑰节"②。

---

① 2014 年,面对失业率暴增,奥朗德进行了几次内阁改组,推行社会自由主义政策,从而引发了社会党内部左翼政客的不满。最终这一左翼群体相继同政府分道扬镳,成为叫板总统的最激烈批评者——"造反派",其中就包括蒙特布尔和哈蒙。
② 指社会党每年在各地召集的选民集会。该传统始于 1973 年,起初关注度不高。在 1997 年至 2012 年蒙特布尔担任索恩-卢瓦尔省议员期间,他通过媒体宣传,成功提升了该集会的民众参与度。

这是个8月末的周日，晴空万里，集会气氛轻松热烈。一如既往，政党支持者们对能与自己以往只在电视里才见得到的政治人物见面感到异常兴奋。这一天是从帐篷下的午餐开始的，与选民见面的蒙特布尔不可免俗地与全桌人高唱起了勃艮第饮酒歌①。他总是喜欢掺杂些表演的成分，事实上甚至有些过头，有时会让人觉得他是在同选民拉近距离。"来，我们来开瓶！"手中拿着一瓶勃艮第白酒的他说道，语调轻快。这是"我们酿造的复兴美酒"——他为这场活动做的特别准备，8欧一瓶的葡萄酒，40欧半打，按他的话来说就是"物美价廉"。他和哈蒙举杯遥祝奥朗德身体健康，"我们会为共和国总统献上一瓶'复兴美酒'。"他的吹嘘比往常多了些，甚至有些过分。他那讲话时大张的嘴，那训教式的语调，还有莎剧演员般的神态更胜以往。而他身旁的哈蒙则挂着一副准备使坏的阴暗神色与享受其中的邪恶笑容。在弗朗吉的这一天里，两人正式结盟。空气里飘浮着失控的气息。天气炎热，他们的西服和领带被丢进了衣橱，衬衫的纽扣解开了，袖口被卷到了肘部。两人虽然漫不经心，但并不妨碍他们像往常一样，礼貌地向社会党"改革派们"进行尖刻的攻击。这一年，蒙特布尔申讨的对象正是马克龙。终于，他不需要与后者正面交锋了。马克龙已经离开爱丽舍宫两个月了，这个奥朗德政府的副秘书长和给经济事务带来灵感的男人已经不再构成威胁。不过，他的理念依然活跃在前线。削减赤字，扶持企业，控制政府开支——让蒙特布尔和哈蒙争论不休的这一切正是马克龙带来的灵感。

而今年，尽管他们得到了相对安宁，但他们仍然决定对所属政府提出质疑，尤其是它的经济政策。长久以来，他们对这些方针只是含糊其词，宣称要追求更令人信服的方向。而现在，他们说出这一想法时，口吻比以往更具复仇气息。他们已经蓄积了整整一周的影响力。支持者们

---

① 勃艮第地区的饮酒歌，人们在酒足饭饱后，随音乐一起跳舞或鼓掌。

齐声附和。蒙特布尔和哈蒙感觉时机已到,可以掀起反抗了。他们在人群前的讲台上站定,表演和演说开始了。他们开始炮轰共和国总统和总理。

在巴黎,身处爱丽舍宫的奥朗德没有放过丝毫细节。正如每次他想追踪重大事件时一样,他命管理员为他在办公室里装上电视屏幕,而弗朗吉会议就正是他要跟踪的一起重大事件。鉴于这起事件发生的时间正好临近2014年9月的复工阶段,它可能带来的毁灭性影响让总统极为担忧。失业率不断再创新高,经济活动尚未重启,他的支持率跌至谷底,社会党的多数席位正在瓦解,欧盟每一天都在施加更多压力以催促法国改革,与德国的关系也日趋紧张——奥朗德已经没有更多回旋的余地了,他所有的选择都受到了质疑。他的政府正面临崩裂,而这一幕恰恰就正在他眼皮底下上演。电视屏幕上仍在连珠炮似的放送弗朗吉"玫瑰节"上传来的挑衅。两位部长公开造反,真是奇耻大辱。"复兴美酒"这个名字,简直令人蒙羞。对总统的政策发起拷问,他们越过了警戒线。而所有这些都伴随着毫无遮拦的嬉皮笑脸和团结义气。奥朗德愤怒了。他怒不可遏。他是个很少发怒的人。他必须尽快采取强有力的行动。从周六起,他就与总理瓦尔斯就蒙特布尔的"玫瑰节"一直进行沟通。然而当这一天真的到来时,两人还是无法相信电视屏幕里发生的一切。

更加易怒的瓦尔斯则对总统表现出的冰冷愤怒——他的声音阴沉、坚决,甚至带着复仇的意味——很是吃惊。虽然两人对这样的攻击有所预想,但他们绝没有料到这两个部长会做得如此突然。"他们越过了警戒线。"瓦尔斯的一名随从指出。不用多言,奥朗德和他的总理不会坐以待毙。当蒙特布尔和哈蒙走下弗朗吉的舞台时,马提尼翁府的反应让他们立马就明白了:自己将"复兴美酒"的瓶盖推开得有点过火。面对这一再次危及其五年任期的新危机,奥朗德要出手了。如果他不想再受到削弱,他就不能放任两个部长的造反。对于这一叛乱,奥朗德将以史无前例的权威予以回应。

　　造反的部长被逐出了政府。尽管对蒙特布尔的处治毫不含糊，但对哈蒙的放逐还是让奥朗德和瓦尔斯于心不忍。此时距哈蒙担任教育部部长还不足四个月时间，他还没能结束一个完整的学年，这是前所未闻的。但这还不是最糟糕的事情。为了维持人们心中社会党团结稳定的幻象和社会党内的各种敏感关系，爱丽舍宫和马提尼翁府坚决要求力保哈蒙。但是，在当前的情形下，除非哈蒙放弃领导社会党左翼，否则他就不能再继续留任部长。如果奥朗德炒了蒙特布尔的鱿鱼，那么哈蒙必须一起滚蛋。清楚这一点的哈蒙不情愿地这么做了。

　　在这段时间里，朱耶继续支持马克龙的理念。任命马克龙无疑会被视作来自社会党左派的挑衅，但从某些方面来说，这位前银行家也将成为代表法国社会主义的合理选择。

第三章 在这位银行家身上下全部赌注

"我能成为经济部部长,第一要感谢时局。首先,我相信总统信任我,他了解我,知道我对经济事务很熟悉。其次,我满足了党内进步的需要。"

马克龙接受采访,2015 年 12 月 11 日

政治生活是残酷的,它要求人们不断做出艰难、有时甚至是带有讽刺意味的抉择。奥朗德就是这么一个例子。他已经做好给马克龙打电话的准备了,他坐在自己一直以来梦寐以求的爱丽舍办公室里,将手机握在手中。

在 2012 年 1 月于勒布尔热的竞选讲话中,他令公众震惊。那是属于他的时刻,他不能错失。他在开始长篇演说前做足了准备,然后说道:"在这场即将打响的战役中,我要告诉你们我的敌人——我真正的敌人——是谁,"他略微停顿了一下,"他无名无姓,没有脸孔,也不属于任何党派,"又是一个短暂的停顿,"他从未参加过选举,因此也不会

当选。"他吸了一口气,"但是,他在操纵我们。"紧张的气氛陡然上升,"这个敌人……"听众紧张到无法呼吸,"就是金融界。"他的话音刚落,人群沸腾了,掌声雷动——他赢了。

而两年半过后,奥朗德却准备将经济部部长的位置交给"金融界的莫扎特"——那个罗斯柴尔德的银行家、"社会自由主义精英中的精英"和"金融技术专家"。四个月前,奥朗德才以马克龙从未当选议员为由,拒绝让其担任预算部部长;而现在,他却在要求甚至恳请后者接受经济部部长一职。既讽刺又残忍的是,总统目前剩下的这根救命稻草(即马克龙)竟然曾在他当年竞选时,对他决定在勒布尔热提出的第二次标志性政策进行过抨击。当时,奥朗德表示要对金融进行管制,对年收入超过100万欧元的人征收75%的税。在竞选期间,这个表示已经完全说服了一部分左翼选民,让他们坚信,奥朗德领导下的法国能够在世界范围内与巨鳄资本和放松管制的金融市场周旋中拥有诸多对策。当时还是总统经济顾问的马克龙并没有从竞选人那里得知这一税制。当他目瞪口呆地听闻这一消息时,他说出了一句十分有名的话:"这简直是没有了太阳的古巴!"

奥朗德并非对马克龙的经济政策立场一无所知,也清楚他那灾难性的银行家身份。他知道要对马克龙的左派身份做出保证,并合理解释对他的委任,展现此举与自己2012年总统选举时的理念相契合并非易事。总之,他必须将马克龙描绘成一个左派,也就是社会党人。能够在此时被委以重任的只有马克龙一人。爱丽舍宫的秘书长朱耶正在说服奥朗德相信这一点。"如果我们要找一个既很懂经济,赞同供给政策,又拥有来自企业的信任,并且能够代表新生代的人,我看非马克龙莫属。"他对总统解释道。同时,他也坦白了马克龙是他的门生。但这不是一个简单的决定。这是在一场威胁国家首脑的政府危机中需要做出的紧急决定。

《费加罗报》和左翼报纸《自由人报》罕见地选取了同一个头版标

题:"政权危机"。说的一点也没有错。奥朗德当选还不到两年,五年任期就已经岌岌可危。他只剩下一条出路,那就是抗争到底,发动政治风暴。在其左翼成员的鄙视下,总统决心更坚定地走社会民主主义的政治路线。他要加强对企业的帮助,减少政府开支,并控制负债。而马克龙将成为以上这些政策的代表。"这事由我来负责。"当奥朗德表示要给马克龙打电话并向后者提议担任经济部部长一职时,总统对他的顾问们脱口说道。马克龙的确从未当选议员,但他在巴黎券商公会指数[①]里的公司摸爬滚打过,而且和公司的老总们关系很好。在向社会民主主义转变的转折点上,这个背景能派得上用场。在电话的另一端,马克龙得意地笑了。他让奥朗德允许自己思考一段时间,他要和家人商量这件事情,还要取消自己对新生活的所有承诺——他必须放弃这一切。

当马克龙还在位于勒图凯的家中时,电视上就传来了他得到晋升的消息,这显示了此次政府重组有多么仓促。面带满意笑容的朱耶站在爱丽舍宫的台阶上,宣布他的爱徒被任命为经济、工业和数字经济部部长。2005年,正是他向奥朗德推荐了马克龙,他曾对前者说:"马克龙是个优雅的年轻人,他有知识分子的活跃,对政治也很敏锐,而且球踢得也不错。"踢球是除了政治以外,总统唯一一个广为人知的爱好。如果再算上幽默感,这两人绝对会一拍即合。更重要的一点是,他们都对自由有着狂热的追求。于是,朱耶顺利地说服了奥朗德,让马克龙入驻贝西。

在权力圈,庆祝的人远远不止朱耶一个人。雅克·阿塔利也很满意。他和朱耶一样,是另一个"发掘"马克龙的人。在尼古拉·萨科齐掌权的时代,这位前密特朗总统顾问就已经任命马克龙为其委员会[②]的报告人,为将法国从滞涨阶段解救出来献计献策。马克龙在那里备受瞩

---

① 又称"CAC40指数",法国重要的股价指数,由巴黎证券交易所以其前40大上市公司的股票构成。
② 指2007年,阿塔利受萨科齐委托,成立的解放经济增长委员会。

目，并利用这一团体扩展了自己的社交网。就在马克龙被任命的几分钟后，阿塔利收到了阿兰·蒙克发来的短信。"政治是超现实主义的唯一继承人。"这位一直担任领导人顾问、可谓共和国人事负责人的前国家财政监察局局长写道。的确，当别人点名要你接任经济部部长——尤其当你只有36岁时——你很难提出拒绝。像路易·伽鲁瓦[①]一样，这样的人必须拥有一份与公众利益相关联的充实职业生涯，还得有几分镇定沉着。或者，他得对奥朗德改革国家的真正意愿持怀疑态度。这也是身处勒图凯的马克龙在接到总统召唤时，立即提出的疑问："我可以推行改革吗？"直到总统让他对此放心时，他才接受了任命。

剩下要做的就是处理好这一突然任命的细节工作了。他如何才能在最后一趟回巴黎的火车早已开走的情况下回到首都？一辆专车已经全权待命，准备载他回巴黎的公寓。他还要穿上一身合体的西装。在他度假的家中，他只有一些休闲的衣服。在政府重组的危急关头，这些衣服实在与他年轻经济部部长的身份不太相称。他也没有合适的皮鞋。正如朱耶在导演伊夫·热兰拍摄的有关那段时间的爱丽舍宫台前幕后的影片中所指出的，这一点很是令马克龙担心。当马克龙抵达巴黎时，记者已经将他的家门团团围住。他没有必要为媒体提供身着马球衫和短裤的新经济部部长的照片，为这一临危受命再一次"火上浇油"。为了避免这一幕的发生，内政部部长伯纳德·卡泽纳夫为他提供了紧急庇护所。那一晚，由于突如其来的政治危机，一切决定都在紧急和动荡中进行。

近距离来看，在眼下的风暴中，这一意外任命还是为总统带来了好处，尽管目前这些好处还并不明显。首先，这一举动显然厘清了总统的政治路线。虽然社会党仍然有震荡的可能性，但至少领头者的大方向被确定了下来。更重要的是，奥朗德终于得以从社会党内众多派别的影响

[①]法国商人，2007年至2012年曾担任欧洲宇航防务集团的首席执行官。

中脱身。自从他当选以后，他将每个人的分量和影响精细地置于天平之上——比如谁是元老级人物，谁后来才加入竞选团队——以组建现在的政府。当然，奥朗德并没有完全摆脱社会党尾大不掉的左翼同盟。自从他挺过2008年那次曾让他陷入垂死挣扎的兰斯会议后，他就知道蒙特布尔和哈蒙有一天会回来。但不管怎样，眼下，他们已经被压制住了。如果他的政策取得了成果，人们也就再也不会提起他们。而这个他在苦苦等待成果的政策，正是为了他在2013年年底做出的"闻名遐迩"的承诺——"降低失业率"。为了扭转这场政权危机，并给自己带来利处，他也尝试扶持新的一代。而马克龙当然就是其中最引人注目的代表。他的背后还有一批奥朗德新近扶持的年轻部长，比如担任教育部部长的娜贾·瓦洛-贝勒卡西姆，以及文化部部长弗勒·佩勒林。对奥朗德来说，只要他的经济部部长获得成功，这场危机终究就没有那么令人不快。他的这一赌注风险并不高，因为到目前为止，马克龙尝到的都是成功的滋味。

第四章　才华横溢的马克龙先生

"在法国的体系里，首先是'参加高考'，然后你可以选择去综合理工，或者国立行政学院，如果你有幸出生在一个知道这些学校的家庭里的话……这个体系是为像我这样的人设立的。我们这些人在学校的考试中取得了成功，可以成为团队的领导者，建立自己的年金计划。这种体系常常是'自己人'的体系，是拥有退休金计划的人群，是会被选入董事会的人群，企业和国家的荣光在绕着他们转……这样的时光结束了。"

马克龙接受《快报》采访，2016 年 3 月 9 日

一百来个男生和女生——他们都穿着运动衫，背着装有泳装的运动包，在寒冷的十一月瑟瑟发抖，不知道自己要在这个位于马恩河谷省的体育馆里做什么。国立行政学院的笔试和口试已经结束了，他们还剩下最后一项测验：田径和游泳。这种考试形式对所有人都显得挺不合时宜——还从没有人因为一百米测验不通过而落选行政学院。不过他们还

是要参加这项考试。学生们组成了小组,建立起友谊。马克龙也在那里,他最好的朋友之一——马克·法拉奇——也在,两人是一起准备考试的。另一个男孩加斯帕德·冈泽也加入了他们,他是最年轻的考生之一,谁也不认识。眼下,他们不过是普通的学生,不过,由于他们未来将担任最为显要的国家高级行政职位,这些学生还是有些与众不同。他们中也没有谁对未来有所怀疑。十年后,冈泽将成为共和国总统的传播顾问,而马克龙则将接任经济部部长;没有通过考试的法拉奇将成为巴黎先贤祠-阿萨斯大学①和巴黎政治学院的经济学教授。但眼下,他们的任务是跑步和游泳。大家都在这个环节中表现不俗。最主要的科目已经考完了,马克龙和冈泽在笔试中拿了高分,被国立行政学院录取,成为利奥波德·塞达·桑戈尔同届的学生。"我俩开心了很久,很高兴这么快就又见面了。"冈泽回忆道。不过才刚刚成为朋友的两人很快又要分开了,因为国立行政学院的学制是从一年国外实习开始的。

马克龙和冈泽选择去非洲的大使馆实习。马克龙去了尼日利亚,冈泽去了马里。两个国家有天壤之别,但是地理位置接近,这使得两人可以定期交流。但是两人真正意义上的汇合是在2003年的1月——在分别完成了在瓦兹省和伊泽尔省的实习后,他们都在学业结束前来到了斯特拉斯堡。两人的朋友圈也有所扩大:马赛厄斯·维舍拉——巴黎市长安娜·伊达尔戈未来的办公室主任,奥雷利昂·勒歇瓦里耶——未来的巴黎市政府国际事务顾问,以及同样会成为办公室主任——但是隶属国务秘书米莉雅姆·埃尔·库姆里——的塞巴斯蒂安·雅莱。在繁重的工作结束后,他们每晚都习惯在斯特拉斯堡的一家咖啡馆聚会放松。在马克龙和冈泽到达斯特拉斯堡的三周后,众人就相约一起喝酒议事。

只剩马克龙还没有到,他迟到了两小时。"不好意思,我刚才在上戏

---
① 即巴黎第二大学。

剧课。"他对同学解释道。大家对他已经注册了课程略感惊讶。"你找到老师了？"他们问道。"不是的，是我在给别人上课。"他回答。马克龙就是这样一个人，他总是全身心地投入他所做的事情当中——比如在国立行政学院的学习——但他也不会被这些事情完全占据，他依然会享受生活。"他身上有非常吸引人的地方：他是个兴趣爱好广泛的人。我们总觉得，他的一天要比我们长。"冈泽描述道。他也十分聪颖。不管他学习哪门课程，他最后都能掌握它们。在国立行政学院，这是一项极大的优势。凭借这一点，马克龙在所有的实习中都取得了满分，评审还留下了一条令他的同届同学目瞪口呆的评注："魅力四射的人。"这句出自比他年长30余岁的高级行政人员、大使或省长的评语是带有预见性的，它也提醒了人们：小心，这个人会诱惑你们，他令人无法抵抗。"他知道该如何说服交谈的对象，"冈泽说，"他不是那种喜欢绕弯或者复杂的人。相反，他会让人想和他成为朋友。"除此之外，他还是个认真的人。为了安慰没有通过国立行政学院考试的法拉奇，他曾经送给这位朋友一本诗集，是勒内·夏尔的《伊普诺斯的书页》，并将书中的一句话抄在了扉页上："不要过久地沉湎于过去的结果。"

马克龙专注又富有魅力的形象也给那些在他求学路上与他有过交集的人留下了深刻印象。早在他进入国立行政学院前，他在巴黎亨利四世中学文科预备班的同学就对他记忆犹新，将他形容成一个擅于社交，但同时又捉摸不透，有些神龙见首不见尾的人。"他给自己营造出一种神秘感，拥有一个大家都不知道的平行人生，"马克龙的同学亚尼克·巴贝在《巴黎人报》上回忆道，"他比我们都要成熟得多，可能是因为那时他已经和他以前的语文老师在一起了。"不过，他也知道该如何让别人——所有人，不仅是他的同学，还有时不时和他一起就餐的老师们——欣赏自己。年轻，成熟，马克龙能够灵活地在不同领域转换。他对所有人一视同仁，从不感到拘束，也吸引了所有人。"他那头绵羊一样蓬松的头发也显示出了他浪漫的一面，甚至可能是偏向传奇小说的一面，这与他的聪颖密不可分。他是个能够控制情绪的人，但也从未扼杀过情绪。他对人类有真挚的关怀。"他在亨利四世中学预备班的英语老师克里斯蒂安·蒙茹如是说。从中学起，马克龙就一直热衷戏剧表演。与此同时，他还注册了弗洛朗的免费课程，甚至参加了由让-皮埃尔·马里埃尔导演的一部电影的试镜，不过没有入选。尽管如此，他还是积极地去提高自己的口才，这一技能对他来说绝非没有用武之地，因为他会在对话题没有任何准备的情况下，被点名到台前发表演说。这是他"善于花言巧语"、有些爱开玩笑的一面，但他从来也不失稳重。他经常能够转变观点，做出一番漂亮的讲话，他的魅力就是他的看家本领，就算他最终没有切中要领，他的讲话还是能够感染所有人。数学不是他所擅长的领域，他真正拿手和热爱的是文学。他告诉班上的同学，他正在写一本书。

没能被巴黎高等师范学院录取①让他痛苦不堪。这是他一向顺利的求学之路上遭遇的第一次失利，而且可以说是一次沉重打击。他需要换另一所学校，那就是巴黎政治学院。在他2001年从巴政毕业之前，他还曾入学巴黎第十大学。正是在那里，他迎来了一场决定性的邂逅——与他的哲学老师保罗·利科相遇。在此之前，马克龙已经对哲学产生了浓厚的兴趣，通过自学，他阅读了康德、亚里士多德和笛卡尔的著作。在考取巴黎高师失利后，他获得了研究方向为黑格尔的高等深入研究文凭②。在接下来的几乎四年的时间里，马克龙师从艾蒂安·巴里巴尔，并在后者的指导下完成了有关马基雅维利的论文。就像马克龙接触到的任何一个主题一样，他立马就投入进了哲学。他并没有通过什么虚无缥缈的方法，而是努力通过哲学概念理解他周围的世界。在那一段时间里——也

---

①马克龙在亨利四世中学一心准备巴黎高等师范学院的入学考试，但两次均告失败。之后，他去了巴黎第十大学学习哲学。
②法语为 Diplôme d'études approfondies (DEA)，一种创立于法国的高等教育文凭，学制为一年，通过论文答辩后即可获得攻读博士文凭的资格。

就是2000年年初——马克龙还为《精神》期刊工作，是该杂志编委会的成员。

在利科的带领下，他将重新审视一切。那时的马克龙并不懂哲学，他还没有读过他的哲学著作，因而也没有像唐璜那样对骑士长雕像有所畏惧。在一次与马克龙长达数小时的谈话结束后，利科给了前者一本五十页的手稿：这是他为自己的主要著作《记忆·历史·遗忘》第一次参会时所带的文稿。"我把那份写满了注释的文稿还给了他。我那时实在是能力不足，但是他就当什么都没发生一样，回答了我的问题。就这样，我入门了，"马克龙在《一号》周刊的采访中说道，"是他重新教育了我。跟着他，我从零开始。"很快，他还明白了，尽管他对哲学兴趣浓厚，但却不可能像利科一样，将一生都投入其中。一想到要将剩下的人生都献给坐在扶手椅上的思考或是写作，他就觉得恐惧。他需要行动，需要发掘其他的兴趣领域，并且充实经历。"在他身上有种多面手的品质，这种能力也让他能够站在各个领域的交叉点上：企业高管，知识分子，学术界，政治圈，经济圈……"法拉奇说。他经常乐在其中，并且喜欢展示自己有十八般武艺。"首先，因为这样能够令交谈对象侧目。其次，他害怕自己被关在封闭的圈子里。"实际上，一旦人们给他贴上什么标签，他就会想尽一切办法将这个标签甩掉。2004年，他以国立行政学院优等毕业生的身份进入了金融监察局。不过，尽管这所学校的成员在传统上都会选择去共和国的高等院校教授经济课程，他却选择了去巴黎政治大学教授文化课程。按照社会学家米歇尔·克洛齐耶的定义，马克龙属于"边际割线"，他是个驰骋于众多不同领域的人物，并且能从一个领域跳到另一个领域。每一天，他都会对某些事物产生兴趣，然后在第二天转向另一些；他会轮流汲取他人的思维，就算这些逻辑会彼此矛盾。在他的整个求学生涯中，他都遵循了这样的逻辑，而在他即将展开的职业生涯中也会如此。马克龙是哲学家中的作家，是国立行政学院里的戏剧家，是讲授文化课程的金融监察员，以及一位教授通俗文化的老师。很快，他还将成为银行家里的哲学家，社会党内的银行家和企业家中的社会党人。他从来不会出现在人们期望他出现的地方。但如果说他在这些领域有一个共通点的话，那就是他的雄心，每一次都要登顶的雄心。眼下，这份雄心还在酝酿之中。在这其中有一个远大的志向，这个想法还没有实现，而且依然十分模糊，但有些人已经能从这个闪耀着智慧光芒的年轻人身上捕捉到了。他会成为共和国的总统吗？为什么不会呢？他自己就经常开这个玩笑，正如他在结束国立行政学院的学习后，与阿兰·蒙克见面时所说的那样。

对于那些加入金融监察局的头等生来说，追随学长学姐们的步伐是他们的一项传统，是完全融入监察员团体——这个强大且令人生畏的圈子——的一种方法，也是进入权力圈的第一步。建议马克龙加入监察员团体的是米歇尔·罗卡尔，他自己也曾是金融监察员。两人认识的时间不算久。2002年，他们由前任总理的老友亨利·艾尔蒙德介绍相识。"第一，你就是为这个圈子而生的。第二，你会拥有一个无可比拟的接近强大人脉网的机会。"罗卡尔曾向马克龙这么说道。因此，选择的关头到了。对于国立行政学院的优秀毕业生来说，有一个不成文的规定：如果他们立志要为国家服务，那么朱耶通常是他们要拜见的那个人；如果他们对企业更感兴趣，就会去见亨利·卡斯特里；而蒙克则负责那些在抉择上颇为痛苦的人。这三个人马克龙都去见了。他很快就理清了头绪。"没一会儿，我就意识到了，他前途无量，远超其他人，"蒙克肯定地指出，"他就像是温和版的瓦勒里·季斯卡·德斯坦[①]。他拥有和德斯坦一样的敏捷、速度和智慧。他还有文学天赋，这一点毋庸置疑，而且还拥有极强的同理心。"

---

① 1974年至1981年担任法国总统。曾主持《欧盟宪法条约》的起草，被誉为"欧盟宪法之父"。

在那一次谈话中，马克龙承认自己被政治吸引，并且还开玩笑说自己要当总统。虽然这不过是他心血来潮，但他至少表达了这个意愿。眼下，这个想法主要还是体现在与他交谈的人的心中。不久之后，密特朗的前顾问阿塔利也会加入这个队伍，他也发现了这个青年才俊身上初具雏形的爱丽舍宫主人的潜质。"他有着共和国总统的品质。我一见到他，就这么告诉他了，因为他是极为典型的法国式混合体，既有智慧和能力，也有意志和高瞻远瞩，还有些固执。"阿塔利在日后解释道。但是现在谈这些还为时过早。马克龙还有待打磨，首先要建立起来的就是他的职业。于是，在马克龙从国立行政学院毕业时，蒙克建议他先从投资银行干起。"今天，要想从事政治，你要么得富有，要么就得耐得住清贫，"他告诉马克龙，"首先，在这段时间里你可以自由参与一些政治事务，至少可以给政治家出谋划策。但更重要的是，你可以利用这些年赚够钱，然后挣到自己的自由。"最后这一条理由让马克龙在2008年9月下定了决心：在财政监察部门待满四年的他辞去了这一公职，加入了商业银行。"当他加入罗斯柴尔德时，他的首要目标就是为自己赢得财务自由，这样就能让他在人生的第二阶段不用去依附某个政党或是随从。"法拉奇说道，"他不想去乞求某个职位，或者做类似的事情。他自己清清楚楚地这么说过，这不是什么秘密。"他确实会在日后敲开政治之门，而且他是直接从大门——爱丽舍宫的大门——走进去的。

第五章　另一所不良学校

"人们指责的并不是我的所作所为，而是指责我的出身，而且这一切都打着'左派'的旗号……那我到底是谁呢？我在银行里干了四年①，但我也做了大约八年的公务员②，可是没有人关心这一点……在做这些前，我是个哲学系的学生……好吧！他们就只想把我限定在银行家的身份里，因为这样很容易就能攻击和诬陷我。我觉得这样很卑劣。"

马克龙接受法国国内广播电台（France Inter）采访

2014 年 10 月 16 日

他的名字还没有被曝光。他雇主的名字也几乎没有得到说明。在有关 2012 年那几桩规模最大的金融收购的报道中，有关他的内容也只有只言片语："由罗斯柴尔德负责的雀巢击败了竞争对手达能，赢得了交易。"

---

① 指 2008 年至 2012 年，马克龙在罗斯柴尔德银行担任投资银行家。
② 指马克龙分别于 2004 年至 2008 年担任财政监察员，2012 年至 2016 年成为奥朗德政府成员。

这是一宗价值90亿欧元的交易。全球食品业的两大巨头，为收购美国辉瑞制药旗下专注儿童营养的子公司打响了争夺战。这是马克龙作为银行家职业生涯的巅峰。尤为重要的是，这还是他进入政界的关键门票，有了这一项砝码——也就是在罗斯柴尔德工作的四年时间——现在的他迎来了自己的财务自由。正如《自由报》在日后所提到的，这让他"有足够的财富，让自己在剩下的人生里不再为需求所困。"他在赴贝西上任时为自己申报的财产也证实了这一点。从2008年到2012年，他在投资银行的工作为他带来了接近300万欧元的总收入。此外，还有不少其他东西。首先，马克龙已经是巴黎一所83平方米、带露天平台的公寓的主人了，这是他在2007年以90万欧元的价格买下的。此外，他还拥有多笔银行存款和多份人寿保险，总值达20万欧元。他还是一辆于2005年购买、价值为6000欧元的大众EOS跑车的主人。与此相反的是，他还上报了以贷款方式借出的100多万欧元的债务。由于他在商业银行的工作，马克龙成了一个有钱人。赚足了钱后，他可以不受制于任何人。他能够独自走自己的道路。最重要的是，马克龙赚到的不仅仅是金钱，他还赢得了自由，而这份自由也被他的绰号——"金融界的莫扎特"——深深地烙在了他的身上。这也凸显了马克龙从银行家的职业生涯中获得的对资本运作的深入了解。"我希望能用我自己的方式做事。我在私人企业摸爬滚打的四年对我今天的经济部部长一职有重要作用。"他后来对那些日后会拿他在罗斯柴尔德的经历攻击他的人回应道。要处理有关企业的事务，事先对企业的发展有所了解并不是什么坏事。眼下，马克龙还没有想到那么远。他没有料到，在他进入投资银行的六年后，他会在贝西就职。

马克龙是在2008年9月加入罗斯柴尔德的，那正好是美国的雷曼兄弟银行垮台的十天前。这一金融界标杆的破产会将世界推向历史上最为严重的一场金融危机之中。然而，马克龙在投资银行的发光发亮也正是发生在这一背景下。为了将马克龙推荐给罗斯柴尔德的负责人，许多人都拿起了电话,包括蒙克、阿塔利、赛诺菲—安万特制药集团的老总温伯格,还有身为律师的让-米歇尔·达鲁瓦等人。既然马克龙的摇篮边环绕了这么多"好仙女",他也就很难与成功失之交臂。马克龙与罗斯柴尔德的行长大卫·罗斯柴尔德进行了一轮又一轮的面试,还有行内的明星银行家弗朗索瓦·亨罗特。在以后的岁月里,他与后者结下了友谊。30岁的他直接被聘为"合伙人"。两年后,他又晋升为"主理合伙人",这一火箭式的上升是很多人在银行苦心经营多年以后才能取得的。然而,"鉴于他身上这种实属罕见的多重资质,尤其是他的年轻,他飞速运转的知识和工作能力;还有毋庸置疑的魅力,如果他能够在这个行业里继续做下去,他绝对能够成为法国以及欧洲数一数二的人物。"亨罗特对89街新闻(Rue89)[①]说道。

如果说银行家一职的技术部分是可以后天习得的,无法即兴发挥,那么它的另一部分,则属于天赋。这也是罗斯柴尔德的负责人聘用这位年轻的国家财政监察员的原因。这家银行有一个传统,它偏向招聘那些履历不凡的人。投资银行的从业人员需要有特殊的潜质,包括人际交往能力、心理素质、直觉、洞察力等。"在决定是否聘用马克龙时,大家立即就达成了明显的一致。"亨罗特告诉89街。对罗斯柴尔德来说,招聘这样一位年轻的财政监察员稀松平常。公司一直偏好极具潜力的国立行政学院毕业生,这所学校是罗斯柴尔德长期以来的人才储备库。毕竟,权力关系网是商业的另一个重要部分。很多高级公务员都曾在罗斯柴尔德工作过。他们其中的一位代表性人物就是人们常常拿来类比马克龙的乔治·蓬皮杜[②]。当蓬皮杜在1962年被戴高乐将军任命为政府总理时,《鸭鸣报》刊登了一篇题为"罗斯柴尔德的马仔蓬皮杜成功夺下马提尼翁馆大奖"的文章。1969年,蓬皮杜当选共和国总统。那是他第一次面对

[①]法国著名的政治论坛和新闻网站。
[②]曾任法国总理(1962—1968年)和总统(1969—1974年,于任期内去世)。

全民投票。

很多年过去了，总理换了一任又一任，而罗斯柴尔德的影响力依旧存在。它致力于推动其员工冲击第五共和国最光辉荣耀的职位。在这一点上，马克龙同这一批高级官员一样，属于曾经投身银行，而最终又回归政府或再次成为企业领头羊的那一群人。

加入银行的马克龙是从零开始的。他必须靠自己创造一切，包括吸引、说服和陪同客户。如果他不拿起电话，他什么也办不成。因此，他投身于这一切，首先就是利用自己的财政监察员网络，然后完成任务。然而，正如普雷斯塔利通讯公司的案例一样，他的努力并不总会换来成功。但有些却进展得很顺利，比如源讯对西门子的收购。然而，虽然马克龙将全部身心投入到了银行家的工作中，他那哲学家的教育背景却已经开始令他对这一切感到厌烦了。"银行家这一职业并不太需要智慧，"他在名为《罗斯柴尔德，权力的银行》一书中写道，"中庸是它的向导。"在《华尔街日报》上，他说得更直白："我们的这份工作就像是妓女，要去勾引别人。"已经在各处体验了一番的马克龙开始向周边——也就是政治——望去，正如蒙克向他提议的那样。2010年，他加入了奥朗德的经济顾问团队，并很快成为"圆亭团队"——为奥朗德打造经济计划的专家团队——的中流砥柱。那时，马克龙依然在罗斯柴尔德工作。对他来说，现在要追求的只剩下权力的前厅。他已经赚足了家产，可以接触政治了。他为此筹备了很久。早在2000年的时候，他就一度与皮埃尔·舍韦内芒的公民运动走得很近。不久，他又转向了社会党——虽然他成了党员，却并未真正完全参与进去。他也不需要参加社会党的青年运动，即通往社会党高级干部的学徒通道，也被密特朗誉为"不良学校"。对马克龙来说，在经历了罗斯柴尔德之后，向他敞开的是另一条路径。而为他带路的正是新近当选共和国总统的奥朗德。

第六章　权力交接

"我接受这份任命并非是为了找乐子。我想做出一番成绩。我想推行一些方法和理念,并为我的国家服务。"

马克龙接受采访,2015 年 12 月 11 日

有时,马克龙会做出一些离经叛道的事情,比如不打领带。这是他将自己与那些严肃的行政学院学生区别开来的方法——从令人局促的模式中跳脱出来,表明他超脱于这个迄今为止让他尝尽成功滋味的世界。但在今天,他却不能这样做。要在法国人面前进行第一次亮相,那就必须是西装、领带、袖扣,并且西裤外不能系皮带。在商业圈里,这是一套密码,是一个人生活富足的象征,因为这意味着他负担得起定制衣服的开销,而无须购买粗鄙的成衣。这是一个细节,但却没有逃过八卦杂志的眼睛——它正密切关注着这个政治舞台上的新星。在与蒙特布尔完成权力交接后,马克龙就将从暗处走出来,正式成为经济部部长。这一过程并没有给人留下深刻印象。这个已经有些过时的共和国仪式的象征意义大于其他。离任者需要利用这个机会发表陈词,传达自己最后的政

治讯息。而对新上任者来说,这是他打印自己名片的时刻。两段讲话,一次握手,然后就结束了,甚至连记者招待会的问答环节都没有——这一仪式并不提供这样的机会。为了避免发生任何令人不悦的意外,马克龙特地与蒙特布尔见了面。两人彼此熟识,因为他们经常在爱丽舍宫见面。他们已经学会了互相尊重,甚至是欣赏对方。然而,在同瓦尔斯于总理府的最后一次谈话中,这位生产振兴部的前部长还是告诉前者要对马克龙提高警惕。"一旦你做了蠢事,他就会手刃你。他会取代你的位置,然后让你一无所有。"蒙特布尔笃定地告诉总理。然而,瓦尔斯并不认为这位新经济部部长会对他构成什么威胁。马克龙在与他的实战交锋中造就了自己的力量:他要反抗左派的固有价值观。

在这场非同寻常的政权改组混战中,所有人的目光都集中在了马克龙身上。他承受了巨大的压力。危机让媒体上下沸腾,记者们对五年任期的动荡翘首以待。交接仪式并没有引起新任部长不必要的担心。他彰显了他的年轻,也学会了该如何控制自己的声音不被情绪过分带动。此外,他还掌握了一项足以缓解高压的王牌:帮助他缓和气氛的强有力的幽默感,这也是他和奥朗德的一个相似品质。不过,与总统不同的是,马克龙并没有滥用它。他的当前要务是在政治舞台上成功露面,避免迈错步伐,跟随错误的程序或是失言,因为那一定会成为媒体在第二天竞相转载的对象,而且会给他在贝西的上任带来难题。然而,一番简短的演讲很难让他消除自被任命以来,媒体给他营造的形象:一个并不坚定的社会党,通过一场重大政治危机上位的前银行家。他的任职引发了众人的震惊,而且最先被震惊的就是他本人。

马克龙入驻贝西一事甚至震惊了奥朗德的亲信。首先就是米歇尔·沙班,他是总统最元老级、也是最忠实的部下。作为财政部部长的他曾与蒙特布尔共事,后者的被逐让他一度期待自己能够得到晋升,在贝西更上一层楼。但是,他并没有成为主角。首先,这是因为他在密特朗时期——从 1992 年到 1993 年——已经担任过经济部部长一职，算不上新鲜血液了。其次，奥朗德想要通过这次被迫进行的洗牌，为自己 2017 年的大选提拔年轻人才。在这一策略中，马克龙是最为显眼的。除他之外，还有被任命为教育部部长的娜贾·瓦洛-贝勒卡西姆。该部是左派和奥朗德尤为看重的部门，因而这个年轻人也是他的任期的关键赌注。此外，弗勒·佩勒林则拿下了文化部部长一职。继雅克·朗①开了令人难忘的先河后，这也是一个具有重要意义的部门。因此，沙班的野心也就成了复兴祭坛上的祭品。从表面上看，他似乎并没有被冒犯到。

奥朗德的政治赌注并不仅限于新的经济转向。对总统来说，他的目的还在于为未来做好准备。他已经开始考虑重新参加竞选了。"总统的策略就是要扶持一批新的年轻部长，让他们与更有经验的政治人物一起加入自己 2017 年的大选。"沙班解释道。尽管对于马克龙的到来，他并没有心怀恶意，但像他的很多同事一样，他依然对此十分重视。眼下，他要学会如何与这位新部长合作，因为后者曾经在爱丽舍宫工作过，因而显然掌管了部门的所有经济文件。不过，他也缺乏政治经验。蒙特布尔在告别经济部的讲话中已经隐晦地提到了这一点："对我而言，经济问题首先就是一个政治问题，是对社会及其架构的反映。它是需要采取行动的，有时也会引发争斗，指望几个闭门造车的专家纸上谈兵是找不到真理的。"马克龙毫无畏惧地接受了前者的挑衅，尤其是当蒙特布尔将抨击裹上奉承的糖衣时。"我清楚你有才干和魄力。在此，我要向你的品质致敬。我知道把我们两人连在一起的是友谊和相互尊敬。意见不同不会构成问题，相反它一直都是坚固你我友谊的源泉，"在对继任者发出最后的建议前，卸任的部长赞美道，"真诚是政治最有力的武器。你只要展现了真诚，别人就会追随你。"

---

①法国政治家，曾于 1981 年至 1986 年、1988 年至 1992 年间担任法国文化部部长。1981 年创办了法国音乐节，此后，每年的 6 月 21 日，无论专业与否，音乐人士均会走上街头展示自己的音乐。

在这一点上，马克龙不会让前者失望。在他于贝西上任后的第一次演讲中，为缓和氛围，他立马采纳了这一建议。"我必须承认，最先被今天发生的这一切震惊到的人是我自己。"他还以同样隐晦的口吻回应了蒙特布尔的挑衅，"最后，我会牢记我们之间的所有争斗，正是这些争斗以它们那种有些令人吃惊的方式，才造就了我们今天的境况。我要引用奥斯卡·王尔德的一句名言，这也是我非常喜欢，而且经常挂在嘴边的一句话，'当人们都与我抱有相同的观点时，我会觉得是自己错了。'你每天都会让我加深这样的感悟。"这就是马克龙用来和别人保持距离所使用的幽默。而马克龙想要打造的名牌，是一项去繁就简的计划。他的信念是什么？"在我看来，经济爱国主义和经济自愿主义十分宝贵。重振国家的意愿，包括重振一国的吸引力，以及重新集结它的生产力……经济不是一门精密科学，经济是由人类创建的，是心理学的产物，也是意志的产物。"虽然很多人并不吃这一套，但是至少，它缓和了与蒙特布尔间最根本的不和。虽然两人的分歧还有很多，但马克龙巧妙地避免了过多地谈论这个话题，因为最不足为道的话语也有可能加剧政治危机。

然而，在新经济部部长的战线上，一切都与前任部长形成了鲜明对比。马克龙将力求接近基层放在自己作为政治家的身份之前；而相较之下，蒙特布尔则将搞政治作为头等要事。贝西的工作者们仍旧对后者周一早晨的会议记忆犹新——这位全球化的唱反调者在两小时内滔滔不绝地动员他的部下。

不过眼下，马克龙已经来到了贝西。"我带着媒体给我制造的光环而来，"他指出了这一点，然后他要求道，"请通过我的行动来评判我。"承担他的形象塑造任务的不仅仅是媒体，社会党人自己也对此抱着幸灾乐祸的心态。首先就是造反派们，他们决心要在几天后于拉罗舍尔拉开帷幕的社会党"夏季大学"[①]中与马克龙决斗。

[①]法国主要政党每年都会在8月中下旬举办党员会议，各派系进行政策商讨和辩论，被称为"夏季大学"。

第七章　那个连名字都不能提的人

"我是社会党的同路人。我是个有信心、讲承诺的人，我也相信我支持的左派的形式。我不是一个机械的人。我不想为了更好地生存而抹去我身上的不同！我不想因为必须随大溜而在从政时和别人一样。所以，我保留了我身上的不同，这会让我感觉更舒服。"

马克龙接受法国资讯电视台（BFMTV）的采访

2015 年 6 月 17 日

拉罗舍尔，它的老港①，它的中世纪塔楼，眼下，那里正集聚着躁动不安的社会党人。这一年，社会党人又将迎来一个挑动他们神经的嘲弄对象——这个人就是马克龙。随着时间的推移，这一聚会已经成了某种政治表演。鉴于它所渗透出来的尖酸刻薄、由来已久的怨恨以及矫揉造作的争吵，没有谁会成为真正的赢家。常常会有某个社会党人选择不出席，因为他感觉那里不属于自己，不如远离。这样的人往往会被视为聚

---

①拉罗舍尔的景点。

会的主角——而这个人就是马克龙。

目前，这位新经济部部长对他的经济计划态度谨慎。由于奥朗德和瓦尔斯意见坚决，马克龙没有前往拉罗舍尔。不过，会议的组织者已经做好了迎接他的准备。在总统宣布改组后，夏季大学的"校长"大卫·艾素利彻底更新了计划，以便接待新的政府官员：娜贾·瓦洛-贝勒卡西姆和弗勒·佩勒林。但马克龙不在其中。爱丽舍宫和总理府的看法一致：没必要把他加入这场挑衅中。而且说到底，新经济部部长也对此类社会党人集会不感兴趣。虽然他加入社会党已经有一阵子了，但他也从未参加过党内的这类集会。在他看来，那些辩论没有太大用处，从不会带来什么成果。这种情况不值得他展现自己的坚定信念。因此，他声称自己要待在贝西处理文件。虽然这是个再正常不过的理由，但却没能奏效。因为在整整三天时间里，社会党人谈论的都是他和他所代表的政治路线。而且他们也有辩论的内容——马克龙在《观点报》上的采访以及他对35小时工作制的质疑在老港的夏季大学被激烈讨论，其热烈程度不亚于瓦尔斯几天前在茹伊昂若萨对法国企业运动①发表的讲话。虽然人们在很久以前就对瓦尔斯的讲话有所准备，但是八月底这场出其不意的改组还是给一切增添了一抹别样的味道，尤其是当那些企业老板们起身为总理喝彩时，而且还是两次：一次是在他的讲话之间，一次是在结束时。而这两次鼓掌喝彩的对象是比一般情况下更有利于企业的言论。简直可以说是挑衅。

蒙特布尔和哈蒙被免职了，马克龙入驻贝西，企业主们喜出望外……对造反派来说，打击已然有些沉重，他们要反击了。在总统的五年任期内，在奥朗德的社会民主主义转向和瓦尔斯接管总理府的共同作用下，造反派这个不一致的团体正在日益巩固。它包括社会党左翼成

---

① MEDEF（Mouvement des entreprises de France），法国企业运动，法国企业家类似工会的组织。

员：让-吕克·梅朗雄①不会对此予以否认；以及马汀娜·奥布里的亲信们，当前者因为奥朗德当选而拒绝在政府任职时，他们不得不放弃了自己出任部长的野心；此外还有群龙无首且在反叛者大军里流离失所的前斯特劳斯·卡恩②的党徒们。

夏季大学正在拉罗舍尔的各个餐厅、老港和安康会展中心展开。只有一个短语回荡在每个人的脑海里："社会自由主义③"。造反派们坐在一边，正统派坐在另一边。后者嘲笑着这场疯狂的辩论，同时也讥讽年轻的经济部部长受到的欢迎。瓦尔斯党徒、菲尼斯泰尔省议员让-雅克斯·于尔沃阿斯在餐前查看酒单时，故作谄媚地说道："这会不会有点儿太社会自由主义了？"当马赛市政厅时运不济的议员帕特里克·门努奇走入奥朗德支持者们所在的自然历史博物馆时，面对整洁的草地上摆满的白桌，他惊呼道："我怕是走进了社会自由主义的花园派对了吧！"不过，另一边的造反派则鲜少打趣玩笑。这是危机的时刻。共和国岌岌可危——至少在他们看来是如此。马克龙被任命掌管贝西了？"真是份美差。"一些人高声怪叫。"真是个可悲的迹象。"另一些人哀叹道。"一条软弱的政治路线。"有人发出最后一声哽咽。他们是在市中心的一个圆形剧场举办集会的，目的是要正式发动名为"左派万岁"的政治运动，仿佛要宣称只有他们才有资格决定谁是社会党人，谁又不是。显然，马克龙在这样的集会里是没法找到自己的定位的。

出面消弭这场日益严峻的危机——这是个艰巨任务——的是总理瓦尔斯和社会党第一书记让-克里斯托夫·康巴德利斯。他们要分两个阶段进行，通过两次讲话，还要注意不能提起马克龙的名字。然而，经济部

---

① 法国现任参议员，法国左翼政治家。为参加法国2017年大选，梅朗雄特别在2016年成立了左翼组织"不屈法国"。
② 法国经济学家、律师、政治家，社会党成员，曾任法国财政部部长、国际货币基金组织总裁。2011年爆出在纽约酒店的性侵丑闻，被警方带走，并因此错失法国总统之位。
③ 强调在个人主义和市场经济的基础上重视社会功用，扩大政府职能以促进社会公正。

部长的影子依旧盘旋在夏季大学的闭幕式上。"鉴于政府改组、35小时工作制等各种事情的叠加而引发的混乱，我不得不重申政党的政治路线，"康巴德利斯说道，"如果非要走社会自由主义路线，那我就必须让他们听到我的想法。社会自由主义不属于我们的文化！"一锤定音，"欢迎成为社会党人，马克龙同志！"党派活动分子免不了跟着欢呼。留给瓦尔斯的那一部分则更加棘手。不过总理对他的政党知根知底，他清楚要出什么招，以便不招致倒彩，甚至还能带来赞誉。他尝试在他的讲话中轻描淡写地提及马克龙的名字，这在一开始确实在大厅里引发了众怒，但很快，他又拿出了在社会党内广受认可的另一标志性人物：娜贾·瓦洛-贝勒卡西姆。嘘声者们几乎还没来得及预热，就不得不又开始鼓起掌来。然后，瓦尔斯又对他的部长及其在《观点报》上的讲话做了纠正："我不希望大家进行错误的讨论，我们不会质疑35小时工作制。"欢呼声传来。马克龙得到了警告。当他还只是顾问时，只要他不跳脱爱丽舍宫的边界，他可以尽情捍卫自己的想法。但是从今往后，作为部长的身份却要求他保持沉默，重新站进队伍里。这不是他的风格。社会党人很快就意识到了这一点。

第八章　镁光灯下的生活

"我从来没买过八卦杂志,也对这些东西不感兴趣。我只能认为——虽然我并不完全明白为什么——这些杂志对我的私人生活很感兴趣。

"关于这一点我的立场很简单:我接受别人的看法,但是我不作任何评论。这些好奇必须以对我爱的人的尊重为前提,因为他们承受的最多。"

马克龙接受采访,2015 年 12 月 11 日

马克龙一经任命,名人八卦杂志就警觉了起来。这个年轻人和谁在一起?《靠近》①杂志并没有让人等太久,而结果却让人极为惊讶。"他在 2014 年 8 月底一登场,我们就觉得他有些和别人不一样的东西,"杂志主编洛朗斯·皮奥回忆道,"从外表上看,他已经和传统的政客有着天壤之别。一个 30 来岁的年轻部长,比一般人要漫不经心和无拘无束得

---
① 即《Closer》,法国著名时尚八卦杂志。

多，有时还会干蠢事，很快，他就脱颖而出了。他不是顶着政府内帅气小伙名头的第一人，阿诺德·蒙特布尔已经摘取了这个名号了。但马克龙比后者单纯得多。马克龙与众不同，他生性浪漫，人们立马就开始好奇他的妻子是谁。我们认为读者们很想去发掘这位马克龙夫人。"而一切来得刚刚好，照片被拍到了。它们是通过正常渠道获得的，被放到了通讯社供订阅读者浏览的网站上：马克龙夫妇手牵着手走在巴黎的大街上；马克龙夫妇坐在咖啡馆的露台上吃一碟熟猪肉；马克龙夫妇漫步在首都的人行道上，他的白色T恤领口开得很大，露出毛茸茸的胸口，而她则身着一条时髦的短裙，搭配了一个手提包。但令人惊讶的是，她是一位中年妇女。

在此之前，马克龙和妻子的组合还仅仅为内部人所知。在政界和记者圈中，人们带着心知肚明的口吻，口口相传着这个秘密："他是和他的前语文老师结的婚，她比他大了20岁。"《靠近》的编辑当机立断，买下了那组系列照片。"如此浪漫的故事并不多见。一个男孩突然爱上了自己的语文老师，他父母不让他继续待在那所学校，送他去了巴黎，好斩断这段情缘。但两人的交往仍在继续，男孩现在成了部长……这是个无可比拟的爱情故事。而且还笼罩着神秘气息。与一个比自己年长20岁的人结合，这意味着他不打算要孩子了。"皮奥说。显然，虽然他还没有融入那些自夸自卖的政客的封闭圈子，马克龙却已经开始激起人们的兴趣了。《靠近》杂志认为年轻的部长和他的妻子具有成为名人的潜力。"她就像是克莱尔·夏莎尔和伊诺拉·马拉格雷的结合体。"皮奥说。《靠近》决定放手一搏，不过也不会为他们奉上整个头版头条。"我们都知道政客的偏好是女明星和知名女记者。埃马纽埃尔·马克龙则展露出了与他本身并不相称的对教师行业的独特喜好。"和照片配在一起的文字这么写道。这就是媒体报道中年轻部长的私人生活。马克龙气愤不已，他要求他的律师让·恩诺奇给《靠近》杂志寄去一封正式通知。"马克龙夫人和马克龙先生对贵杂志第482期第一页的文章及其转载的、以'独家照片'为标题的内容感到震惊，"马克龙的律师写道，"为不使当事人的合法权利因后续事件受到损害，马克龙夫人和马克龙先生禁止贵社再发布任何侵害其隐私权或其他权利的文章和照片。"但已经太迟了。杂志已经在售报亭里叫卖了。马克龙一脚踏进了八卦杂志狭小的名人圈，再想脱身就不可能了。

"鉴于他的性格，我们都认为我们所追踪的是一个很有趣的人物。"皮奥表示。马克龙符合八卦杂志读者梦想的所有条件。首先就是他的神秘感。他是怎么会娶了自己的语文老师的？这个现在已经大白于天下的秘密是马克龙最为惊人的一大特别之处。与同龄人相比，他更喜欢那些比他成熟的人。这不是他一时心血来潮，这是他性格的一部分。

1977年12月21日，马克龙出生于索姆省的亚眠市，是医学专业毕业、身兼神经学教授和住院医生的让-米歇尔·马克龙，以及同样身为医生的弗朗索瓦兹·诺格斯的儿子。作为兄长，他还有一个弟弟和一个妹妹。他的家庭属于右翼，充满了"外省中产阶级"的氛围。然而他的祖母却冲淡了这种氛围。她曾做过一所学校的校长，双亲都是文盲，而且更倾向于左派。她知道知识的重要性，也了解想要取得一定的社会地位，就必须掌握学识。她钦佩法国的皮埃尔·门德斯①，并推崇努力的价值。正是她的努力使她获得了更高的社会地位。马克龙敬重她的祖母，而她也像父母一般照顾他。马克龙更希望自己由祖母抚养长大，而不是父母。5岁那年，马克龙甚至请求父母准许他搬去与祖母同住，但是没有得到允许。虽然今天他很少提及这段经历，但是他从没有将它从自己的生活中隐去。有时，在一整天漫长的工作之后，他甚至会对朋友和同事敞开心扉，比如炫耀他儿时的一些"丰功伟绩"和他对祖母的热爱。她既是他

---

① 法国政治家。"二战"时期曾被戴高乐指派出任法属阿尔及利亚财务总监，并协助处理布雷顿森林会议谈判事宜。战后曾任经济部部长一职，并于1954年至1955年担任法国总理。

的骄傲，也是他欠下的债，因为他的很多方面都归功于她——他优秀的教育背景，他卓越的职业经历，还有他非凡的晋升。努力，坚持，成功，不管到哪里都是头等生。人们被他的礼貌吸引，为他的专注倾倒。马克龙用自己的每一天向祖母致敬。从祖母那里，他汲取了老一辈人的智慧，以及那些在别处永远找不到的高超直觉。也多亏了祖母和她毫无保留的教育，以及每周三和周六去她家里时所获得的知识，他才能够在亚眠的耶稣会学校取得傲人的成绩——从小学，初中一直到高中都是如此。他是一个优秀的学生，各科成绩经常名列前茅。16岁那年，他在语文竞赛中拔得头筹。同一年，他又获得了亚眠音乐学院颁发的钢琴比赛三等奖。每一次接触新的领域，他都能品尝成功的滋味。那时的他就已经是如此了。

也正是在亚眠的高中里，伴随着严格的纪律管理，马克龙遇见了自己未来的妻子。布丽吉特·特罗涅在那里教授语文，同时也负责这所高中的戏剧社团。很快，这位聪明睿智且刻苦努力、梦想成为一名作家的优秀年轻人就引起了她的注意。到目前为止，他是她遇见过的最令人着迷的人。有时，她会在班上朗读他写的诗歌。布丽吉特·特罗涅出生于亚眠市的一个巧克力商家庭，结过婚，而且有了三个孩子。她和马克龙的关系并非一帆风顺。她冲破了束缚，但在亚眠的外省中产阶级压抑气氛中，他们的关系绝对是一段丑闻。带来自由的是巴黎。马克龙离开了亚眠，前往巴黎的亨利四世中学继续学业。在那里，他迎来了新的环境，结识了新的伙伴，并开始摆脱束缚。不久之后，布丽吉特来到巴黎与他汇合，她在巴黎十六区的一所私立高中——贡札格的圣路易中学——寻得了一个职位。"引导马克龙的主线是自由，"法拉奇说，"他所做的大部分决定，他个人生活上的也好，职业上的也罢，都是为了挣脱束缚而做出的。当他决定同一个比他大20岁的人结合时，也是为了向家庭环境和社会传统宣告自由。"当他向巴黎的新朋友们透露自己与布丽吉特在一起时，他们惊讶极了。对于一个如此年轻的人来说，这是个古怪的选择，而且还意味着他这一生都将放弃拥有自己孩子的想法。但是，这也印证了他关于时间和自由的看法。马克龙希望充分享受生活，不受任何妨碍或约束。为了能不受束缚，他不惜付出任何代价。令朋友吃惊的不仅仅是他对于自由的狂热追求，他倾向于亲近比他年长许多的人也让他们更加审慎地看待他。在他的职业生涯中，他与亨利·赫尔曼德、米歇尔·罗卡尔、雅克·阿塔利、让-皮埃尔·朱耶等在内的许多人成了朋友，而这些人大多数都超过了 70 岁。"我们都想知道他为什么喜欢和年长的人来往。"他的朋友们回忆道。最终，他们不得不意识到，马克龙从骨子里就是个刻不容缓的人。他同彼得·潘完全相反，这个幻想世界的主人公希望自己一直做个小孩，而马克龙却渴求长大。马克龙从老一辈人的经验中吸取养分，这样就比自己获取经验来得快得多。他汲取、分析、解剖并消化那些谈话。他想要在一生中尽可能多地经历不同的人生，并试图跳过某些步骤。"他总会同时处理很多种不同的事情，好像他需要延长时间一样。"法拉奇观察到。当他明白了马克龙的理念时，他送了后者一本书，是拉布吕耶尔的一部作品。他也将书中的一段话抄在了扉页上："该说的都说完了，我们来得太迟。七千年来，人们一直在思考。"然而，由于他想要加快步伐，马克龙有时会忘记遵守规则；抑或是当他超越规则时，没有考虑后果。到目前为止，这些都没有给他造成太大的问题。但参政却是不同的，他需要吃一些苦头才能明白这一点。

第九章　冒失

> "我不知道职业政治家到底该是什么样。我认为政治是一种经验，是一种判断。所以，按照这种定义，经验是可以随着时间的推移获得的。但是它不是一种职业，它是一种承诺……如果说要'学会这门手艺'，我们就不能说真话，就要消减自己的雄心壮志，就得进行一种角色扮演或是装出某种样貌的话，那么我得说，我每天都在努力不去学会这门手艺。"
>
> 马克龙接受法国资讯电视台的采访，2015年6月17日

他还是抽出时间做了准备。面对媒体，他已经有一个月缄默不言了。这对于刚被任命且遭到了来自四面八方的攻击的经济部部长来说实在是太久了。此外，当马克龙参加完让-皮埃尔·艾尔卡巴赫的晨间访谈，从欧洲广播一台（Europe 1）的演播厅走出时，他立即感觉自己刚刚掀起了一场风暴。在十分钟的时间里，他努力阐明自己的路线图，解释说自己虽然不会推行伟大的改革，但会带来一系列小改变，他的雄心是帮助

清除法国经济发展的障碍。他举了一些例子，提到了自 1978 年以来就再没变动过的公证费，还有平均高达 1500 欧元的驾照费用，以及布列塔尼地区的嘎德屠宰场——那里的员工不得不另谋生路，但是他们中的很多人却是"文盲"。"我们让那些人去五六十公里以外的地方工作，但是他们连驾照都没有。"他叹息道。马克龙想要表现他的同情心，但他的评论却被视为一种对公众的羞辱。"文盲""那些人"……这些话出自一位经济部部长、财政监察员、前罗斯柴尔德商业银行家、国立行政学院学生和巴黎政治学院毕业生之口实在有些太过了。这是他的第一次媒体亮相，也是他的第一次丢脸。就影响大小来说，它可以与"没牙的人"相媲美——奥朗德曾经用这句话来形容穷人，瓦莱丽·特里埃维勒①眼下正通过她的新书《感谢这一刻》谴责奥朗德的这一行为。造反派们对马克龙的这次犯错欢呼雀跃。有些造反派的议员甚至要求他卸任。共产党人玛丽-乔治·比费肯定地说，这位部长"口不择言，信马由缰；是对劳动女性无以复加的蔑视"。在这些人中，还有人怀揣比这更为激进的看法——"这是凡尔赛与乞丐的对决。"其中一人咒骂道。总之，情况对于马克龙来说并不乐观。他引发的争议让他讶异，他觉得自己是真诚的，对他来说，"文盲"指的也是他的高祖父母，他身为校长的祖母的父母。他所承受的攻击已经触及了他的隐私。而且这些攻击将他在现在这一职位上态度的局限性公之于众：他是个强调实用主义的人，而且不愿受到政治的约束。然而，避免失言却是这个行业的重要方面。在奥朗德办公室的私密环境中，马克龙因其幕后的顾问身份受到保护，他可以畅所欲言，进行最严厉的辨析，这一切都会被保密。但从今往后，他的言论是会面向公众的，会受到人们的监督和批评。他使用的每一个词语都很关键。他的每一次陈述都有分量。他每一回采取立场都会被人分析。这个铁颈圈

---

① 奥朗德前女友之一。

让他窒息，媒体尤其会给他这样的感觉。他时不时会为此抱怨一番，比如在《挑战》杂志（Challenges）2014年年底为经济活动者们举办的聚会上的那一次。"现如今，在媒体上说话实在不是一件简单的事。媒体只有一个念头，那就是断章取义。它会从你说的话里截出一小节来，把它放到电动弹子球游戏机上，然后你就等着被看好戏吧。你只说了一个词，但是人们就会指责你，而且这个词会变得人尽皆知。如果你去问邻居，看看他是否同意这个被推到风口浪尖的词，邻居可能不知道你说的词是什么意思，但是他听过它，而且会对它加以评论。当晚，所有人就会来非难你，怪你不该说真话。第二天呢，口吐怨言的还是那些记者：'现在的这些政客就是地狱，从来都只会假大空。'"这么做可能不公正，但这就是游戏规则。马克龙将嘎德屠宰场的屠夫说成是"文盲"而引发的激辩正是这个行业的特点。不过，鉴于马克龙不想随大溜，他尝试着以自己的方式走出这一困局。为了修复他的小疏忽，他做了一个很罕见的举动：他在国民议会①政府答问的环节中做了公开致歉。"我最该致以诚挚歉意的，首先是那些被我的话语伤害到的雇员们，"他在半圆形议会大厅里说道，"我怎么道歉都不为过。"就像他的个人风格一样，新上任的年轻部长的讲话获得了好评。争议很快也平息了下来，一如它当初急速的引爆。然而问题是，这并非是唯一一次争议。

马克龙想要站到传统政治的边缘地带上，他为自己能与假大空式的话语体系决裂而感到骄傲，也欣喜于能够打破常规。这给他带来了一种新鲜的气质和令人耳目一新的风格，但也让他更多地暴露于意外和差错之中。才过了两个星期，他就因为想让客车交通自由化的提议又一次引发了争议。"这可以让那些没法旅游的穷人们更轻松地出游。"他在这份

---

① 根据法国第五共和宪法，国民议会与上议院（即参议院）共同组成法国国会。其成员被称为"议员"。目前共有577个议席。每名议员代表单一的选区，由民众通过两轮投票直接普选产生，任期5年。国民议会的主要职责是立法讨论和表决。

法案的陈述中说道。"穷人"——他的本意是值得褒奖的，但马克龙实在是不会选择用词，尤其是不会去选那些不会令人气恼和不快的词。有时，他甚至会选择一些不合时宜的词。比如，当有人攻击他的前商业银行家身份时，他说自己在面对这些无穷无尽、以他为目标的批评时，想到了"我们历史中最为黑暗的时代"。所谓"最为黑暗的时代"指的就是纳粹占领时期。说得好听一点，这话显得有些笨拙。说得难听一点，简直是不知分寸。不过这些争议都没有"文盲"一词所引发的那次那样激烈。

然而不管怎么说，马克龙已经进入了政府。不管他有多么卓尔不群，为了保持诚实，马克龙还是把世界高看了许多。此外，他很快又要引发另一场新的争议。他飞去了拉斯维加斯，参加一场针对高科技企业的沙龙活动。在那里，他欣喜地看到法国代表实力的强大。这让他坚信，数字技术是法国经济的未来，至少是其未来增长最为强劲的潜在动力。传统上，这是个由清一色的初创公司代表的行业，这些新兴企业的创始人通常不到30岁。"这是我们国家振兴的关键因素。法国是新兴企业的成功基地，巴黎本身就是一个真正的中心。"在他与法国经济类日报《回声报》(Les Echos) 的一次日常访谈中，他指出。然而，他又一次失言了。"网络经济是制造超级巨星的经济。我们需要法国的年轻人有成为亿万富翁的雄心壮志。""亿万富翁"这个词实在是有些过分了。正是这个词让社会党左翼暴跳如雷，给他们带来了审判马克龙政治倾向的证据，而自从这位前银行家上任以来，他们就一直在谋划这件事情。在很大一部分社会党人看来，金钱充满了铜臭味。"利益的诱惑，亿万富翁……这些词实在不是我喜欢的风格。"让-克里斯托夫·康巴德利斯的评论总结了社会党人在听到马克龙讲话后的普遍反应。又是一个蹩脚的表现。

在讲话中，马克龙不可避免地会经常用到一些与他的国立行政学院毕业生、哲学系学生或银行家身份相符的字词或短语："颠覆型经济""良性刺激""预算调整过度""多模态""企业创投""创新生态系统""绪论""脱媒现象"……这些学究派的词语充斥着他的讲话。然而问题是，它们并不适用于普通大众。他是要通过这些词来掩盖自己的假大空吗？同所有自尊自重的政治家一样，马克龙以自己的热忱冲破一扇扇大门。他想通过他的法案"打破枷锁""释放能量"，并且"推开窗户"。这是奥朗德交给他的使命，他不想让这一使命落空，因为"当船长确定路线时，船员必须维护这个方向"。但这并不是一件容易的事情，因为"要想改变，就必须承担风险"。而且要想使改变成为可能，还要满足一个条件，那就是"面对危机时，要保持头脑清醒，并且带着勇气直面一切"。因为不管怎么样，"只要所有人团结一心，意志坚定，法国就无须其他，一定能够得以重振"。为了达到这个目标，我们只要"把所有的思想都放在台面上"，要接受"不设立禁忌""去除界限"。既然"法国是一个有宝贵财富的国家"，"除了敢作敢为，勇于征服外，我们别无选择"。总之，在一开始时，马克龙还在试水。为了找准自己的定位，他遇到了困难。不过，这并不是因为他缺少援手。自他被任命起，他就拥有了一个忠心为他效力的坚定的公关团队。他把朋友伊斯梅尔·艾梅里安拉回国内，做他的特别顾问。前哈瓦斯通讯社的员工安·德斯坎普斯负责他的宣传工作。除了这两人，还有三位媒体工作者负责完善这一系统，管理地区和国际的日常报道。在一个追求节省预算，部长顾问数量不断下降的政府中，马克龙庞大的团队引起了人们的争议。

  他也从朱利安·德雷——这个一直深藏在社会党幕后的男人——那里获取建议。德雷和马克龙是在2012年的冬天由阿基利诺·莫莱尔引见结识的，那时马克龙在爱丽舍宫工作。一次握手，一杯咖啡，一场讨论，互换了电话号码后的两人就结下了友谊。和马克龙交往常常就是这么简单。"这是一段新近发展的友谊。我们的关系逐渐增进，因为政治生活，它又得到了加强。"德雷表示。然而，这两个人也并非同类人。德雷是前托洛斯基分子，他经历过政府机构之间的角力，议会中的诡诈以及政治上的谋略，是个喜欢在暗处弄潮的神秘顾问。在2007年的总统竞选期间，作为塞格琳·罗亚尔①的亲信的他也是奥朗德的朋友，属于能与总统保持近距离接触的少数几个人之一。但是，他在奥朗德的五年任期之初却离爱丽舍宫很远。总统的女伴瓦莱丽·特里埃维勒并不待见他，不过这倒也让德雷乐得其所。之后，德雷以总统半官方秘书的身份又重新获得了返回爱丽舍宫的入场券——这个比较模糊的角色让他很满意。所有人都知道他和奥朗德会定期见面，但没有人知道他担任什么职务。他的使命是否是为了试验新理念？传递信息？或是煽风点火？德雷小心谨慎，并不去消除这些质疑。他在爱丽舍宫的组织构架图里没有正式的职位。就像人们所说的，他是一个"晚间访客"。他说话时，人们都会听。他也对左派了如指掌……在托洛斯基派那里修炼了多年之后，他获得了能够评估政治权力斗争的能力，这让他成了抢手的分析家。

左派的麻烦事儿，党内的冲突，党员间的争吵都是"朱朱"——人们对德雷的昵称——而非马克龙要管的事情。马克龙对这些知之甚少。处在经济部部长这样一个高度曝光的位置上，这样的无知很快就带来了问题。一天晚上，当德雷和奥朗德聊天时，奥朗德让德雷多关照自己的这位年轻部长，"他也许会需要你。那些企业大鳄们会起来反抗他。你可以给他参谋一下……"总统在担心。他知道自己可能会输掉赌注，而马克龙可能会破坏党派的稳定性。他还让康巴德利斯迅速培养他的这株幼苗。他知道经济部部长在处理政府左派和多数党间的复杂关系上还不太能看清，于是鼓励社会党领导人（指康巴德利斯）尽快与马克龙见面。"你要给他解释一切是怎么运作的。"一天晚上，总统对康巴德利斯说道。所以，任务来了。马克龙刚被任命，德雷就在他的办公室里与吉拉德·菲洛奇展开了讨论。后者是就业部门的监察员和社会党全国办公室的成员，

---

① 法国政治家、社会党成员，2014年至2017年任法国环境和能源部部长，也是奥朗德的前任女友之一。

加入了左翼阵营的他是一个不会背弃政党的梅朗雄式人物。他赞同德雷的观点，就马克龙的事情向后者说道："这事我来负责。他的银行家身份正好让他成了一个理想客户。我会帮他改头换面的。"多数党的左翼阵营和社会党的左翼阵营有着共同的看法，那就是年轻的经济部部长正处于社会党造反派和极左翼的枪林弹雨之下。"他不遵守惯例。他最早肯定是低估了处在他那个位置的人所说的话的重要性。作为部长，你说的每个词都可能会被人评注、利用，或是引发争议，"德雷说道，"当你面对那些心怀不轨的人时，你必须要提起注意。对左翼来说，马克龙是个理想的对象。他从没有担任过任何民选职位，没有人认识他，他被认为是奥朗德经济路线调整的一部分。所以说，一开始这些人就给他套上了银行家的外套，而他们也一定会叫卖这件外套。他们不放过马克龙的任何愚蠢行为，好为这套衣服穿针引线，并将马克龙包裹进去。"此外，他们也不能放纵时间，等造反派出手。不仅如此，企图说服他们三缄其口的努力也都没有成功。国民议会的主席克劳德·巴托洛尼嗅到了这股危险，他也曾经试图平复紧张的局势。在审核马克龙提出的法案前，他在拉赛的一家酒店里邀请马克龙及几个造反派共进晚餐。这是为了让两方认识彼此，去除彼此间可能产生的误会。但一切都是徒劳。"那次见面很坦诚，"巴黎市的议员帕斯卡尔·舍尔奇说，"他表现得很直率，同时也很有魅力。确实，当人们和他交谈时，他常常会让你觉得自己很聪明。不过，他其实和《丁丁历险记》里的奥里维拉·达·菲古拉很像。他是个会向爱斯基摩人兜售白雪的人。"当下，双方都在互相试探。他们在找寻正面对抗的场地和话题，而这个场地和话题正是国民议会的半圆形大厅和《马克龙法案》。

第十章　一份近乎完美的文件

"对于失业问题，我们还没有尽我们所能。我们面临的一大难题就是该如何说服那些处于这个系统中的人，让他们在某些时候简化手握的权利，并将其赋予没有这些权利的人。"

马克龙接受采访，2015 年 12 月 11 日

拥有一部以自己的名字命名的法案不是一桩小事。对绝大部分政治家来说，这是几乎可以和获得圣杯①相媲美的事情。将名字写入国民议会每年编写的大量文件中，是一种能够让自己变得与众不同的方式。在奥朗德五年任期的中期，议员们已经审阅了 129 项法案，也就是平均每年 40 多项。而且除了政府提出的草案外，还要再加上议员的提案，也就是另外的 62 项法案。议员们被繁重的文件压得喘不过气来，将其称为议会的"无节制立法"。然而，能将自己的名字烙在一部法案上，也就等于在政治圈入了门，在法国人面前获得了显眼的亮相，是对自己领地的标明，

---

① 宗教传说中的圣物。

对自己思想的彰显。国民议会是被完全置于镁光灯下的讲坛，更是一个有力的发声筒。

在近六个月的时间里，这位年轻的经济部部长正是要在那里安营扎寨，维护自己被媒体称为"马克龙法案"的草案。从某方面来说，这一称呼有些触怒了瓦尔斯，他指出文件应该按官方名称命名为《促进经济增长和经济活动法案》。然而这样的名字不够吸引人，读起来也拗口，而且更重要的是缺乏辨识度，因此总理呼吁遵守规矩的要求最终落了空。

马克龙知道，这项草案是他通往政治圈的敲门砖，而他也不想让自己的开场秀演砸。他需要全身心投入。他的目标坚定：呈递一份完美的草案。如果事情进展得顺利的话，它会让他披上一件改革者翘首以盼的华服，甚至可能让他成为左翼现代派的新标志，而这个角色迄今为止仅由瓦尔斯一人代言。对马克龙来说，他最主要的危险来自造反派，这些人对他深恶痛绝。如何才能发动这些对这项法案的本质——解除管制——发起挑战的人为他投票呢？的确，年轻的部长拿出的是他的前任蒙特布尔的文案，但是他在此基础上做了大量修改。人们之所以将其称为"马克龙法案"，而非《促进经济增长和经济活动法案》，是有其原因的。有关"取富济贫"这一主题，前生产振兴部部长采取了一项激进的政策，即废除年金制，并打破垄断；而马克龙则更偏向协调以取得各方一致。他要通过他的法案"令经济自由化"，精简市场，以刺激生产，帮助所有体系外的人——即他口中的"局外人"——进入市场，削弱那些已经被纳入这一体系的"局内人"的权利。这意味着要改变左派的某些原则，对造反派最狂热捍卫的社会党教条发起攻击。

某天，当帕斯卡尔·泰拉斯拜访经济部部长并与之谈话时，他提醒马克龙："不管你的文件有多好，也不管你采取什么样的立场，你的法案都是不会通过的。奥朗德和瓦尔斯需要的不过是给造反派提供一个群嘲的对象。"经济部部长一如既往地认真聆听着。但是他坚信，只要自己找对方法，他就可以达到目的。至于造反派，这个团体并不像它看上去那样团结一致。除了对政府及其政治路线的不断批评外，他们中的一小部分人也因议会的行政部门对他们鲜少关注而常感到沮丧。马克龙想要争取这一群人——这群人中还有议员。他仔细分析了针对他的批评：自由派，过于技术流，从未当选民选代表。他必须化解这一切。于是，他倾注了所有的时间，与他们共进午餐，进行长时间的讨论，了解他们。就像对其他人一样，马克龙试着去吸引他们，他承诺会用一种新的方式进行议会辩论，为议员的工作留出足够的空间。他想在半圆形议会大厅里建立起一种有建设性的平和对话。"他的所有辩论都是由对这一活动的真正热爱引导的，他喜欢技术层面的磋商，还拥有不可否认的敏捷和睿智，"让-玛丽·勒古恩说道，"所有的议员都很尊重他的行事风格，因为他会十分准确地回答所有人的一切问题，而且态度谦恭。显然，他成功地吸引了议员。所有团体的负责人都认可他对议会的尊重。"

"他这么做不仅是为了呈交一份完美的草案，也是为了解决议会中存在的问题，他对后者其实并没有很深的了解。"勒古恩说道，"他所做的就像是铁匠的工作，结果是不错……但有一个细节会让马克龙付出代价。"为了将赌注压在法案的技术层面上，他全然忘记了权术，这会让他在国民议会的民主圣殿里摔得很惨。经历过之前那段顺利的旅程后，在他的法案的最后审查阶段，造反派们要让他买单了。没有人注意到他回来了，但是他的确回来了，他——哈蒙——出现在半圆形议会大厅里。这是一个警告，是马克龙的辩论将会发生转向，以及有关技术层面的愉快柔和的交流要告一段落的一个明确迹象。哈蒙此次回归并不只是为了跑跑龙套而已，社会党左翼领导人在会议厅过道的出现改变了议会辩论的走向。自从七个月前，哈蒙因被政府驱逐而失势后，他立志要东山再起。如果《马克龙法案》最终取得平衡——虽然它不能让所有人满意，但至少也满足了多数党的要求——这并没有什么大不了。对造反派们来说，他们就是要故意找碴儿。在这份涵盖了众多领域、主题各不相同的文件中，有一个显而易见的缺陷：周日工作。这个主题针对所有法国人，它响应了雇主的要求，象征着对社会权利的放松管制。总而言之，这是引发对《马克龙法案》不满的绝佳催化剂。

　　造反派们发动了攻击，并由哈蒙开启了辩论。造反派们连珠炮似地举起话筒。他们的每一次发言都以"周日工作"为声讨对象，这也就等于攻击了《马克龙法案》。马克龙依然觉得能够力挽狂澜，让他的法案通过。在周六和周日晚上的国民议会餐厅里，哈蒙和马克龙力图通过一杯酒获得彼此的和解，教育部前部长喝的是白葡萄酒，而经济部部长则是一杯梨子酒。"你还可以召集所有造反派们，然后给文章润色。"哈蒙说道。"我知道了，我回头再来找你。"马克龙回答。但他根本没有回来。哈蒙自此相信，马克龙对自己所提出的妥协说了"不"。"从一开始，马克龙就不想达成什么协议。对他来说，他的左派必须赢过我们。"哈蒙惋惜地说。在半圆形大厅里，讨论趋于白热化。来自造反派们的威胁越发清晰，以至于让马克龙大为恼火。但是最坏的事情还是超出了他的想象。攻击还没有结束。周日晚上，作为《大陪审团》①嘉宾的哈蒙在节目上发出了最后一击："我不会给《马克龙法案》投票的，我会给它投反对票。"惊恐之风席卷了整个政府，每一层楼都开始清点票数。《马克龙法案》会获得多数投票通过吗？这位伊夫林省的省长和前左翼领导人发出了强烈的信号，是向到目前为止还只是想弃权的造反派们发出的投票命令。马克龙的法案岌岌可危了。

　　在总理府、总统府和社会党中，人们将投票数了又数。为了将风险降到最低，不能给误差留有任何空间。悬念将持续到最后一刻。星期三早晨——也就是《马克龙法案》参与国民会议庄严投票的日子——奥朗

---

① 由法国卢森堡电台（RTL）、法国里昂信贷银行（LCL）和《费加罗报》共同主办的电视节目。

德在爱丽舍宫召开了一个部长特别会议。这是动用宪法 49-3 号条款[①]的先决条件。几小时后，瓦尔斯出现在演讲台上："虽然这份法案可能会获得大多数投票，但这一点并不确定。我不想看到它面临失败的风险。我会承担起政府的责任。"马克龙失败了。造反派捅了他一刀。看到这位神童在自己的第一次政治考验中跟跄跌倒，造反派们高兴极了。"这证明他第一步就严重走偏了。"哈蒙讽刺道，"他很优秀，有专业知识，但这不一定能让他成为一个好政客。光有聪明才智是不够的，我们已经从他的法案里看出了这一点。他失败的原因不是因为没有发出足够的信号。"他缺乏洞察力和带有内疚的清醒感。这是这些真正的政客们给马克龙上的第一课。他曾经想去成功地吸引造反派，但到现在他才意识到，在那些每个人都拥有的笑容和对他的情感的背后，占上风的最终是政治权术。

49-3 号条款的这段经历让马克龙深受伤害。强行通过法案正好与他力图在国民议会上呈现的方式完全相反。有时，他会向亲信吐露心声。"我们经常谈起这件事，"泰拉斯说道，"他将这件事视为个人的失败。他肯定希望法案能够在国民议会获得通过，而且他也觉得它能够得到通过。但是他没有料想到奥朗德和瓦尔斯对他的利用。在以前，他们看上去偏向右派。他们让他成了靶心，用来煽动起造反派们的愤怒。所有这一切都是被设计好的。"造反派和被瓦尔斯视为对手的那些人甚至开始四散谣言——总理早就想要动用 49-3 号条款了，这是为了阻止马克龙获得政治胜利。49-3 号条款体现了瓦尔斯用来扼杀马克龙——这位平步青云的年轻部长——的意愿。"瓦尔斯看到了危险，他了解民调，他嗅到了集群的气息。这个亲切真诚、富有能力的年轻人在所有民意调查中的受欢迎度正呈指数型增长，总理清楚地看到了这一点。"瓦尔斯身旁一位极为敏锐的专家肯定地说道。然而，事实上奥朗德才是最终决定支持动用 49-3 号

[①] 49-3 号条款出自法国 1958 年宪法第五章。根据该条款，政府可以不通过国民议会的表决，独自决定通过某项法案。动用 49-3 号条款本身就意味着政府在议会中处于弱势。

条款的那个人。

马克龙感到很痛苦。他感觉自己是社会党游戏的受害者，而他并不想参与到这些游戏中。"在国民议会讨论的前一晚，我看到一些议员竟能如此深陷争辩的理论层面，而全然不顾现实。"当他日后接受《世界报》采访，重新回顾这场角逐时，他曾如是说。他开始明白了。最后一晚，辩论"变成了一种具有高度政治性的态势，一些了解议会对法案反应的议员将其视为一场党派运动"。它是不是一项被老社会党人用来处理党内事务的法案？这些人就是这么想的。现在，他清楚地看到了这一点。这是一个不断周而复始的职业。造反派们拔得了头筹，神气十足。然而，在与他们的角力中，马克龙也受益于一张重要的王牌：法国人民喜欢他，他们支持他的政策。从今往后，他要和他们对话。眼下，既然他的法案已获通过，他要参与自己在黄金时段的第一次重大政治演出，并且要一步步给予还击。

第十一章　头等生综合征

"我从来没有过过于激进的政党支持者经历。我拥有生活信念。我花在工作、阅读和其他事情上的时间要比参与政治活动和在国民议会里做拉锯战多得多。我的生活就是这样。我就是这样的人。我不会因为背负了责任而改变我的生活。"

马克龙参加《话语与行动》节目的录制，2015年3月12日

英俊，年轻，富有，聪颖，魅力四射，富有同情心，善良，优秀，有创业精神，有教养，有才华，笑容可掬，幽默……马克龙开始让他的社会党同事——不仅是那群通常会蔑视他的人——感到不安。在政府内，奥朗德集团里的元老级人物们阴沉地看着这位年轻优等生的崛起，他借由共和国总统的上位给他们带来了竞争。最先露出獠牙的，是三位奥朗德最忠实的亲信：米歇尔·沙班、弗朗索瓦·莱波萨门以及斯特凡纳·勒福尔。这三人是奥朗德一路走来的左膀右臂。他们陪在他的身旁，熟识社会党的兴衰起伏，既高唱过胜利的凯歌，更尝到过紧密相连的失利。

因此，这个奥朗德身边突然出现的年轻人让他们并不高兴。

"他们不愿意承认，"据德雷观察，"他们嫉妒奥朗德和这个年轻人之间的关系。一看到新人出现，他们就会立马紧张起来。而且这个人还很讨人喜欢，事事都能取得成功。他令他们感到厌烦。"而反观奥朗德的战线，他们可谓全线溃败。简而言之，到了奥朗德的任期中段，总统过去的同伴就像是惨遭涂柏油和粘羽毛①的酷刑，而不是桂冠诗人。他们已经疲惫不堪了。"奥朗德党人的一大问题就是他们自身。他们最大的敌人就是自己，"泰拉斯对此感到恼怒，"他们本该都离开，但是他们就是赖着不走。这就是问题所在。当奥朗德深陷谷底的时候，是这些人把他拉上来的。他不能赶走他们。"

事实上，马克龙的一切都让他们恼火。每个人对此都会有话要说。通常，他们攻击的只是一个小细节，但这一细节却充分说明了他们心中的种种怨恨，以及权力被剥夺的感受。有一天，马克龙和莱波萨门开会，讨论周日工作的问题。"你看，弗朗索瓦（莱波萨门的名字），有了我的法案，现在你周末坐火车回第戎的时候，就可以在火车站买一个三明治吃了。"马克龙对劳工部部长说道，语气轻松愉悦。他不过是开了个小玩笑，为的是缓和气氛，让双方没有那么针锋相对。然而有一点他却没有想到，莱波萨门担任劳工部部长后，已经经手了无数与此有关的文件，而他此前对这个领域知之甚少。莱波萨门起先想得到的是内政部部长一职，但是在2012年总统竞选接近尾声时，有关大麻合法化的一小句话却让他永远地被博沃广场②除名。格勒纳勒路成了他的归宿，但那里却不是他的心之所向。劳动法、工会和雇主，这些雷霆王式③的荒谬冲突和逐月

---

① 自近代起，欧洲及其殖民地的一种严厉的惩罚和公开羞辱对方的行为。受惩罚的人通常会被剥去衣服，然后被倒上或涂上滚烫的柏油，之后其他人向其身上扔羽毛或是被推至羽毛堆中，让羽毛粘在身上尚未凝固的柏油上。
② 法国内政部所在地。
③ 法国作家弗朗索瓦·拉伯雷的小说《巨人传》中的人物，以暴虐著称。法语中"雷霆王式"指动机徒劳的荒谬冲突。

上升的失业数字让他心生厌倦。而马克龙的玩笑话更是火上浇油。"你知道吗，马努①，火车站的商人很久之前就已经被允许在周日营业了。如果你不介意的话，我们还是干点正事吧。"气氛可想而知。

而让两人间关系进一步恶化的，是他们各自部门传统上的水火不容。为降低失业率，格勒纳勒路要求从贝西那里得到资助，而后者则予以拒绝，两边愈发剑拔弩张。就算是在马克龙和沙班并肩工作的经济部门中，人们也可以看到这种结构性的对立。这两人之间的关系也是处于寒冬中。

布鲁诺·勒鲁是这个兄弟会中少有的欣赏马克龙的人，对经济部法案的审核给两人创造了进一步接触的机会。勒鲁也警惕地注意到马克龙和奥朗德亲信们之间越发扩大的鸿沟。他很了解那些奥朗德党人，他知道他们的刻薄话，而且还能观察到他们逐渐升温的怒火。"我能感觉到这些，"他笑着说，"但是我很难解释这一切……"他意识到马克龙和这些人之间的分歧是文化上的。他恳请允许马克龙时不时参加奥朗德党人的会议。每两周左右，奥朗德党人会一起就餐，共同回顾时下的政治问题，比如政党、多数党、即将出炉的文件、争议，等等。他们多次邀请马克龙参加他们的宴会，但是后者从来没有接受过，而他们也没有强求。总统的新宠和奥朗德党元老们之间就像是错过了一次会面。双方有着巨大的差异，首先就是他们关于政党的兴趣所在：奥朗德党人将过多的精力倾入到了机构斗争之中，而马克龙却对此毫不关心。对他来说，社会党已经失去了掌控力，就像是一颗"死星"，这与多米尼克·斯特劳斯·卡恩和梅朗雄做出的惊人诊断如出一辙。

马克龙的对手还是得接受他已经被派往左派前哨位置的事实。"通过他的法案，他明白了自己现实中的考验，"德雷解释道，"虽然是凭借了49-3号条款的保驾护航，但他还是成功地迈入了政治圈。现在，那些老

---

①埃马纽埃尔的昵称。

狐狸们明白他会长久地立于这一版图中。"此外，还有一个不争的迹象，"连法国外交部部长洛朗·法比尤斯也开始以他那诡诈和虚情假意的方式将马克龙作为攻击对象"。

"除了让-伊夫·勒德里安，没有哪个部长不嫉妒马克龙，"蒙克肯定地说，"但还能怎么样呢？他们本来没有对这个年轻人的到来心生警惕，但在不到一年的时间里，他就成了最受欢迎的社会党人。"只要这一切继续，马克龙就一直会受到保护。

第十二章 双人椅

"议会辩论一向是带有政治色彩的，49-3号条款不应掩盖它的真实情况。在周日工作问题上的意见分歧也是政治性的。在这么一场名副其实的政治辩论结束后，哈蒙表示自己不会为法案投赞成票，这就证明了这一分歧的政治性。政治关乎的是人们的真实生活。我们这些政治家关心的应该是这一点。其余的，比如机构间的争斗，还有玩弄谋略，是那些不严肃对待政治的人拿他人的生活做装点，目的是实现自己的野心。"

马克龙接受采访，2015年12月11日

马克龙还是没有掌握要领。这是六个月内，马克龙第二次接受《话语与行动》节目的邀请。不过，他不是主要嘉宾。在这次2015年9月的采访中，宝座被留给了总理瓦尔斯，法国电视二台（France 2）的这档节目正是为他打造的，而马克龙则被谨慎地安排同其他政府成员坐成一排。在三个小时的时间里，他不得不扮演绿叶的角色。瓦尔斯召集他们参加他的节目,站在前面的是他,而其他人则站在他身后,这就是瓦尔斯的想法。然而,无论如何,不管坐在哪个位置,焦点还是集中在了身为经济部部长的马克龙身上,包括他最近的挑衅,还有他"口不择言"的倾向。当瓦尔斯被问起有关近期马克龙针对公务员身份的发言时,他几乎要恼羞成怒了。他转向马克龙,以一种"饶有兴致"的口吻发问:"你没这么说吧,埃马纽埃尔?"在总理府,人们已经对马克龙束手无策了,这个好惹是生非的"小鬼"总是头脑发热,从来不听别人的意见。经济部部长让所有人都抓狂。还是采取家长式管理吧,不管用什么方法都要将这个政治新手拉回自己该有的位置。马克龙却享受其中,他像往常一样微笑。他知道无论如何他还是会从这样的情况中获益。

也许瓦尔斯有时会想起蒙特布尔被政府扫地出门时,给他的警告。这位生产振兴部前部长曾告诫前者,马克龙很有可能抢占代表革新和现代化的图腾。他没看错。瓦尔斯已经受总理府的繁文缛节和自身作为多数党凝聚者、捍卫者的角色所累,变得疲软无力了。马克龙让瓦尔斯感到问心有愧。他那引起轰动和议论的演讲让瓦尔斯回想起自己在入驻总理府后所放弃的东西。身处总理府的他注视着自己的年轻部长在这个曾经给予他力量的环境中站稳脚跟。

瓦尔斯和马克龙之间的角力是从《马克龙法案》的审议末期开始的,瓦尔斯在那时动用了49-3号条款,以便在不经过投票的情况下保证法案的通过。首先,为了阻止法案被冠以马克龙的名字,瓦尔斯就进行了一番努力。"我们不想把这个法案和马克龙联系到一起,这是为了防止有人进行双向的歪曲,比如说这个法案是自由主义,而把马克龙同自由主义[①]相连,或出于对马克龙属于自由主义派的指责,而将这个法案与自由主义画上等号。""好吧,我们说什么也没有用。很快我们就意识到这一法

[①] 包括支持自由市场,降低对富人征税及国家公共支出在内的自由主义政策与社会党维护工人权利,降低税率等基本主张相背。

案是不可能被通过的。"法国内政部部长布鲁诺·勒鲁回忆道。瓦尔斯曾试图将法案命名为"促进经济增长和经济活动法案"。"此言一出,我们就很快意识到,法案没法通过。"至于49-3号条款的动用,所有参与了这一决定的人都确信无疑:投票的不确定性太大,风险太高。对瓦尔斯来说,这就像是一石二鸟:是他对其所代表的多数党所展示的权威,顺便还给这位自命不凡的年轻人一个小小的教训,告诉他谁才是老板。然而,自这一次起,马克龙已经做好了"以牙还牙"的准备。瓦尔斯迫使他的法案强行通过。明白了,那就让它强行通过。他发动的挑战也显示了他的能力。他甚至不再理会外界对自己野心的猜测,总理府,爱丽舍宫……只要是会激怒总理的做法,他就会去做。

"埃马纽埃尔·马克龙从来就不是一个精于算计的政客,"冈泽肯定地说,"他不会像许多政客那样争辩,寻觅一匹可以下注的好马。他有自己的想法,并且会遵循这些想法。"瓦尔斯也看出了这一点,他并没有将自己的部长视为劲敌,而是要依靠他来增强自己的实力。2015年,发生在拉罗舍尔的那个插曲①以及马克龙提出对35小时工作制的看法后引发的争议正是如此。

每一次由马克龙引发的争议都会让马克龙在公众面前强化自己作为改革者的形象,这已经达到了令整个左派——首当其冲就是瓦尔斯——黯然失色的目的。而这一切也让奥朗德十分高兴。当总统看到想要树立威信,并且从不掩饰想在未来进驻爱丽舍宫野心的总理被一个有雄心壮志的年轻人气得跳脚时,他不是不满意的。"共和国总统正通过安插马克龙这一手,给瓦尔斯设置阻碍,我相信是这样的。"克里斯托弗·博格尔②指出。

眼下,奥朗德和瓦尔斯还没有对这位"巴黎人的新宠"心生警惕。

---

① 指上文瓦尔斯和奥朗德劝说马克龙放弃参加拉罗舍尔的左派夏季集会。
② 法国社会党成员,曾任社会党党内初选的组委会主席。

"他们并没有把他当成竞争对手，"让-玛丽·勒庞肯定地说，"因为马克龙从未成为民选代表，他也从没有深入到所有的议题中。人们从没见过他离开自己的领域。他缺乏全局观，也还不具备政治手腕。不过，他对此也并不掩饰。总之，他待在自己的领域里，而不是在一般意义的政治中。"然而，瓦尔斯面临的问题是，2017年总统大选的时间表正摆放在他的面前。当然，他也可以铤而走险，挑起与奥朗德的冲突，好直接参加2017年总统选举。"如果他想脱颖而出，就必须以希拉克①式的方法铲除异己。但是他既不喜欢，也做不到。他会暴跳如雷，大发雷霆，但从本质上讲，他其实是一个好人。"一个和瓦尔斯有过长期来往的社会党人这么说。2022年的总统选举将成为他政治生涯的最后期限。但是如何才能坚持到那个时候？要以社会党人的领导人身份吗？这一步也是危险的。他的对手常常提醒他，在社会党2011年的初选中，他仅获得了5%的选票；他们还肯定地告诉他，他的一系列理念在党派内也没有获得多数支持。"显然，瓦尔斯犯了一个重大的政治错误，"蒙克指出，"他应该离开总统府，参加法兰西岛大区竞选。在那里他的赢面会很大，而且会获得和雅克·希拉克在巴黎市一样的地位。这样他就可以安稳地待在一艘巨大的豪华邮轮上，在甲板上悠闲地等待总统选举的到来。只需看看弗朗索瓦·菲永②，瓦尔斯就可以说服自己相信这一点。作为前总理和巴黎市议员的菲永不得不苦等了五年，这实在太漫长了。"尤其是，他还要面对处于全面上升期的马克龙，而且后者还从未透露过自己的真实野心。

对他的对手来说，让他们感到更为紧张的是马克龙一直宣称，自己可以随时从政治中全身而退，转向别的事业。这种自由声明让瓦尔斯更加恼火，因为马克龙的这种捉摸不透让瓦尔斯觉得不舒服。社会党第一书记康巴德利斯对瓦尔斯的这种想法感到好笑，他颇为讽刺地指出："曼

---

①法国著名右翼政治家，曾任法国总统、法国总理。
②法国右翼政治家，法国共和党成员，曾任法国总理，也是法国2017年总统大选的候选人。

努埃尔（瓦尔斯的名字）有什么好担心的呢？他可是总理，他很受欢迎。而且不管怎么说，他还和某些环保派和共产党人关系不错……他已经超出了马克龙一大截。不过就目前的情况来看，我们还是会觉得，如果连他都没有办法在大选中获得领先，那马克龙就更不可能了。"除非后者以个人身份进行一场冒险，作为半路杀出的候选人在2017年弯道超车。虽然这个可能性实在太不可思议，人们还是担心起来。"别让自己失去理智，"勒鲁说道，"眼下的局面是，这两人中的其中一个人（指瓦尔斯）已经为权力做好了百分之百的准备，而另一个（指马克龙）却刚开始经营政治。如果要我给埃马纽埃尔提些建议的话，就是他得当心。发挥才干的关键不在个人，它是建立在集体的框架里的。光靠个人的努力行不通，单枪匹马永远没法笑到最后。"就连罗卡尔也提醒马克龙要警惕诱惑，与威胁左派相比，他所持有的想法更有风险。罗卡尔还建议马克龙结束与总理间的竞争状态。在这两人的敌对关系中，还有另外一个需要考虑的因素：共和国总统奥朗德有意制造的混乱游戏——因为瓦尔斯和马克龙间的剑拔弩张绝对和他脱不了干系。

第十三章　老板的宠儿

"我当然希望弗朗索瓦·奥朗德能够成为总统选举的候选人……2014年8月之前，我还没有踏入政治圈。我随时待命，准备行动。我喜欢参与公众事务。我对两样东西保持忠诚：我的国家和我自己的想法。我从来没有放弃过他（指奥朗德），也绝不会放弃他。此外，我还有自己的原则。我知道我的存在是谁的功劳——是弗朗索瓦·奥朗德的。他是拥有合法身份的候选人……人们总觉得我有很多意图，还会经常指责我，我对此已经习惯了。有些评论的确说得对，但另一些却并不合理。"

马克龙接受欧洲1号广播电台（Europe 1）的采访

2016年3月16日

奥朗德给予马克龙的是一个他很少给其他部长的特权。他有时会邀请马克龙，晚上同自己在爱丽舍宫里进行小范围聚餐，并抛开共和国总统和他的经济部部长之间礼节性的条条框框。一同就餐的有塞格琳·罗亚尔、让-皮埃尔·朱耶、加斯帕德·冈泽，有时娜贾·瓦洛-贝勒卡西姆也会加入。"马克龙是被奥朗德和罗亚尔藏起来的孩子，"这对昔时伴侣（指罗亚尔和奥朗德）的一位亲信开玩笑地说道，"人们都喜欢他，因为他们都能在他身上看到自己。"

这些爱丽舍宫的常客是总统的年轻"护卫"。自奥朗德当选的那一天起，他就打算在再次参加竞选时，将这些人放在前线。然而，马克龙在这群人中还享有特殊地位。他经常在周末单独拜访总统。那时，来自即时新闻报道的压力会有所放缓，时间似乎被拉得很长，总统府的宁静也保证了会面的私密性。在这些与奥朗德的就餐和会面中，他能以比平常更放松的状态讨论政治时事。奥朗德既会谈起时下的文件，商讨策略，也会常常自嘲。事实上，他所做的是自己力所能及的事情——对法国人的政治生活进行分析和评价。

奥朗德总统很欣赏马克龙。自2008年这个年轻人决定加入总统的团队起，两人就建立了某种纽带。那时，身为社会党前第一书记的奥朗德正身陷泥潭，担任党魁的十一年让他精疲力竭。他在职业生涯中见过很多出类拔萃的人，但一个既优秀又有幽默感的人却是不多见的。对他来说，这可不是什么细枝末节。开怀大笑或是面带微笑都是能让人保持距离和站在一定高度的方法。毕竟，再严肃的事情都能被一个有趣的笑话瓦解。这种幽默的特点甚至成了奥朗德的招牌。虽然有些人会很讨厌这一点，有人甚至对此无法忍受，但笑话一旦脱口而出，笑意往往是难以抗拒的。就像有一天，奥朗德去德雷家参加生日聚会，在看到不远处的马克龙后，他对众宾客笑着说道："我还以为这只是朋友间的聚会呢。怎么没人告诉我，你还请了右派的人！"

同奥朗德和马克龙在爱丽舍宫有了多次接触后，克里斯汀·格拉维尔近距离地观察到了两人间的复杂关系。"人人都注意到了总统的幽默感很强，"格拉维尔曾说，"所以，他与埃马纽埃尔正好一拍即合。自马克龙接受任命并表现出自己的忠心后,幽默感的出现就如同两人的一个交汇点,它无疑拉近了他们的距离。他们之间还有一种因为年龄差而产生的情感联系。埃马纽埃尔初到爱丽舍宫时只有34岁,是团队里最年轻的人。总统对他展现出的是些许父爱,从来没有像其他很多人一样,实行家长式的专断风格。"此外,奥朗德也对这位年轻人赞赏有加。他喜欢他的"年轻",赞美他带来的"新鲜感",也赏识他的"能力"和"胆魄"。"马克龙是一个忠实、可靠和真诚的人。我知道他愿意投身国家的发展事业,贡献自己的力量。他为人宽厚,所以我很喜欢他。"《回声报》中有关总统的报道是这么说的,"他必须要保持自己的身份,不要像其他人一样沦为政客。他的自由——在一定范围内的自由——是他的财富。他有生动的表达能力。他懂得政治和议会生活需要遵循的规则。"马克龙就像是奥朗德自恋时拿起的一面镜子。"一个经验丰富的政治家在看到由自己选择和任命的年轻人取得成功时,一定是会感到高兴的,"沙班解释道,"奥朗德真的对马克龙抱有一种喜爱和欣赏之情。这也是在看到那个他给予机会的人获得成功后,一种自我褒奖的心理。"总而言之,奥朗德很快就将马克龙视为"我们中间最优秀的那个人",这与希拉克在他那个年代对阿兰·朱佩①的赞誉如出一辙。

不过,总统也十分谨慎,他知道如此分量的评价会给这个幸运儿带来怎样的负担。此外,欣赏也并非是双向的。对马克龙来说,自从他踏入爱丽舍宫后,他留下的也并非都是美好的回忆。当然,这两个人有共同的政治方向,就像阿基利诺·莫莱尔所说:"他们完全是站在同一条战线上的。马克龙让奥朗德找到了一个忠实的执行者。"然而,这也正是让马克龙心生不快的一点。虽然他和奥朗德总统有着相同的理念,但他却很少能够看到后者果断地采取措施。他对此感到沮丧,行动的缺失令他

---

①法国右翼政治家,曾被外界认为是希拉克最得力、最有价值的副手。1995年被时任总统的希拉克任命,担任法国总理。

不悦。不过，在爱丽舍宫以外的人看来，他有很大的权力。正如他向以他的名字命名的那一届国立行政学院学生所解释的那样："银行家和爱丽舍宫秘书间的不同之处与妓女和家庭妇女间的不同没什么两样。两种行业都是服务业。在爱丽舍宫，你的酬劳会低很多，你每天换的是同样一张床单，而且你没有周末。但是当你打开大门时，人们会觉得你就是共和国总统。"这弥补了一些东西，但还是不够，而且让人心生成见。处在爱丽舍宫中心的马克龙感觉自己握在手中的只是沙砾。在奥朗德手下工作的顾问们远不如萨科齐时代的顾问手握的权力多。那时，萨科齐的秘书长克洛德·盖昂一发话，就能让下面的部长浑身哆嗦。更糟的是，当政府成员对某个与其相关的决定或是评判有疑问时，他们会直接用手机给总统发信息，要求改变这个决定。马克龙有时会对自己的亲信抱怨奥朗德。"他是个非常不容易一起共事的人。让人疲倦，太耗费精力了。"他有些心烦意乱地指出。他向罗卡尔表达了对总统陈旧政策的哀叹："我感觉我们是在制定1980年代的政策，而这样的政策早该在30年前就推行了。""那你为什么不去说服他做些改变呢？"前总理问道。马克龙则给出了一个一针见血的答案："因为我们没法改变别人。"

在奥朗德时代，总统顾问的角色对这位政坛之星来说就没有那么令人兴奋了。奥朗德会听取多方意见，但到了做决定时，态度却总是模棱两可。随着时间的推移，这让他的顾问逐渐失望透顶。很多曾经在他当选后陪他入驻爱丽舍宫的顾问——包括马克龙——最终都选择了离开，这绝非巧合。然而，马克龙能够回到这场游戏中，并在贝西就职，重整旗鼓，还是得感谢奥朗德。"很难捉摸这两人的友谊和情感是如何维系的，"一位和马克龙关系较近的人表示，"不过，埃马纽埃尔知道奥朗德有恩于他，所以他仍然忠心耿耿，并且心怀感激。"但这还会持续多久呢？在他成为经济部部长前，马克龙曾提到自己有朝一日要成为总统，不过说起这件事时，他是带着玩笑口吻的。然而如今，当他再次谈到这个话题时,他的态度则变得严肃得多。"《马克龙法案》让他有了更进一步的正当理由,"一位经济部部长的朋友肯定地指出,"既然他选择不被困在传统的流程里,不去成为一个再普通不过的议员,他的目标就锁定在了总理府或是爱丽舍宫。"他自己的模糊态度也让人们对他的意图产生了怀疑。他斥责了民选官员的这种身份,超越了法国式的政治晋升传统——即在获得更高职责的位置前,必须排队等待才能拿到入场券。不过与此同时,他也推崇"垂直化的权利",捍卫为提高公共行动效率,政治领袖必须采取自上而下行动的理念。而这就要求他参加选举,并由此给自己的行动赋予合法性。

如果奥朗德不再参加选举了呢?人们只需要看看经济增长预测,就会觉得这个假设并不荒谬。根据经济学家的计算,要重新拉动就业,经济增长率必须达到至少1.6%。时下,法国的经济还远远达不到这个目标数字。奥朗德已经将再次参加竞选与自己提出的"扭转事业曲线"的目标联系到了一起。这一目标是可能实现的,而这也是最让瓦尔斯苦恼不堪的事情。他才是那个总统放弃竞选的最大利益获得者。如果奥朗德决定参选,那么不管总统是赢是输,瓦尔斯又将何去何从?瓦尔斯很久以前就已经公开表达了自己对爱丽舍宫的渴求。他做好了准备,选择了给总理府画上否定的叉号,而这也是问题所在。如果奥朗德放弃参选,肯定是因为结局已定,他一定会输,那么,瓦尔斯则会跟他一起走向失败。而对马克龙来说,他的责任更为高远。如果奥朗德决定不代表他的党派参选,又或者中伤和诋毁他的人在初选中获得了成功,马克龙就会有更多的选择。在这一假设中,他必须迅速与奥朗德划清界限。"从某些方面来看,奥朗德和马克龙间的关系让人想起了密特朗和法比尤斯间的关系,"一位总统的拜访者曾观察说,"如果马克龙想继续他的政治追求,他就必须在某一时刻完成弑父。就像法比尤斯在1985年的国民议会上对密特朗所做的一样——那时他宣称'他是他,我是我',以此批评爱丽舍宫对波兰独裁者沃依切赫·雅鲁泽尔斯基的接待。但马克龙要怎么和奥朗德——这个给予了他一切的人——了断呢？"

马克龙还没有问自己这些问题。如果机会来了，他会思考，并且迅速决断。他要"当下即事实"——这是他为了规避那些令人不悦的话题时，时常用到的短语。眼下，他正密切关注着即将在2015年秋天出炉的劳动力市场改革文件。他清楚地看到，这个接连由弗朗索瓦·雷沙曼和米莉雅姆-埃尔·库姆里掌管的劳工部门既没有能力，也没有足够的政治影响力来维护这份雄心勃勃、旨在打破数十年疲软共识的文件。奥朗德已经对有关修改工作合同和每周35小时工作制的想法关上了大门，他认为这些改变不会在多大程度上拉动就业。而对马克龙来说，这一改革一方面将会为他从贝西起航带来一线机会，另一方面也会帮助他在即将进行的这场社会党绝不会落败的总统选举初选中最终获得候选人资格。这就像是一部政治科幻片，以前还从未发生过正当权的共和国总统放弃代表党派参选，而奥朗德也是精于迷惑大众的大师。当雷沙曼决定辞去劳工部部长一职时，马克龙也曾想过要接管前者的工作——不管是将前者的工作纳入经济部，还是全职入驻格勒纳勒路。他想要对劳动力市场进行改革，而且在一段时间里，他也相信这是可行的。"奥朗德会带着你兜圈子，但绝对不会做任何事情。"蒙克提醒马克龙，这和他告诫马克龙不要信任总统时如出一辙，"奥朗德就是个空想主义者。对奥朗德来说，除了他的子女和他的爱丽舍宫秘书长让-皮埃尔·朱耶，所有关系都只是功利性质的。如果他想铲除你，他就会这么做。他喜欢你，和你在一起时表现得像父亲一样。但如果他真正要采取某些行动时，他是不会有半点迟疑的。"

马克龙知道奥朗德可以做出任何事情，包括在失业曲线没有逆转的情况下，依然代表党派参加竞选。2015年的这个秋天，一个极可能发生的假设始终盘旋在人们心头——不管发生什么，总统都会再次参加竞选。

而且一切迹象也都表明他在为此做着准备,而马克龙会是他部署竞选的关键人物。

如此一来,摆在马克龙面前的只有两种情况:要么奥朗德连任,那么他会有很大的机会被任命为总理;要么奥朗德被击败,那么一切都得重来。要想继续自己的政治生涯,就意味着要获得候选人资格。如果回归他的那些小打小闹,就意味着要暂时抛弃自己着眼于国家的雄心壮志。马克龙手中还没有掌握所有的王牌,这是他所不喜欢的。

第十四章　如何告别

"我们有很多不同。我们的生活方式不一样。我们在本质上就不一样。我不了解曼努埃尔·瓦尔斯的计划。我们在经济和社会层面上的理念有实实在在的区别，我们所维护的并不是相同的事情。我想要继续深入改革，但是作为总理，他并没有采纳我的想法……我们与法国社会以及共和国的关系也不同。我相信我们需要一个稳定的共和国。我相信1905年提出的政教分离。我相信国家应当树立权威，但这并不意味着推行专制。我们在剥夺国籍的政策和对待恐怖主义的态度上也存在分歧。"

马克龙接受法国电视一台（TF1）的采访

2016 年 12 月 11 日

马克龙还能继续推进改革吗？在2016年年初，大环境并不支持，也没有给他所捍卫并想要实现的彻底改革抱有成功的希望。离总统选举只有一年时间的事实是悬在左派头顶上的一块红布。让一个新人站在国民议会的演讲台上，游说某个法案，这并不是他们优先要考虑的事情。

不过马克龙还保留着另外一个法案。他将它命名为"NOE"，是"Nouvelles Opportunité Economiques"（新经济机遇）的缩写。这份法案旨在为数字化企业的生存提供帮助。自 2015 年年底起，马克龙就开始以他自己的风格介绍法案的主线：打着柔和蓝色灯光的演讲大厅；演讲台一直延伸至学生和新经济领域企业主就座区域的中间；还有脱稿演讲。马克龙开始了他的展示。他的目标是将法国带入数字化经济时代，包括为吸引才俊加入国家新兴企业而设立的税收奖励机制，为创新项目提供融资的行动计划，为那些失业的员工提供向新领域转行的培训……不过，虽然经济部部长勾勒出了路线图，但他并没有透露具体的内容。2016 年 1 月初，他去拉斯维加斯参加了一场关于数字化经济的沙龙，并在那里捍卫了自己的理念，尤其是关于放松劳动力市场管制的想法。在那片自由经济的乐土上，他获得了巨大的成功。但他依然在等待总理府模棱两可的态度，好重新采取行动。然而，掌管总理府的人是瓦尔斯，他不愿意再给竞争对手一次证明自己是坚定改革者的机会。2016 年 1 月上旬，在马克龙本该看到他的新草案被提交至部长会议时，却发现计划被阻挠了。他提出的措施被分到了其他数项法案中，其中就包括劳工部部长库姆里负责的劳动力市场改革[①]。这一即将出台的改革既是奥朗德五年任期中最后一项重大文件，也是瓦尔斯为力压马克龙，并重夺左派改革派大旗的机会。马克龙的团队一片愕然。在他们看来，这项决定是针对经济部部长的正面攻击，马克龙也开始明白，自己已经无法再推动改革了。

除了这一屈辱外，马克龙还与执行机关产生了分歧。2015 年 11 月底，在巴黎恐袭发生后，奥朗德在凡尔赛召集了议会。在巴塔克兰剧院、法兰西体育场和咖啡馆遭受恐袭的阴影下，奥朗德对参会的议会代表和

---

① 2016 年，新上任的劳工、就业与社会对话部部长米利雅姆·库姆里提出了新劳动法，也称《库姆里法案》。该法案在全法范围内引发了争议。

议员宣布要推行剥夺国籍的政策。该措施旨在剥夺恐袭发动者的法国国籍以及拥有双重国籍的恐怖分子的法国国籍。这是右翼和极右翼所疾呼的政策，但它却让左派大惊失色。奥朗德意在通过此举实现全国上下的团结。这是一次政治举措，但也是一场冒险。首先，社会党人没有发声，他们的情绪很明显。只有马克龙表达了他的质疑。在一场由法国—以色列基金会举办的会议上，他对"人们把这场辩论看得太重要"表示惋惜。此外，他还与总统提出的措施划清了界限："就我个人来说，这场辩论的根本立场让我感觉不舒服。我们对待作恶之人的办法不是将他们赶出国家。"这段讲话与他在恐袭发生后，对经济、社会和环境委员会所做的发言初衷一致——然而不同的是，这一次，人们认为他已经被奥朗德所抛弃。马克龙像往常一样，努力尝试为自己辩护。他解释说人们没有完全理解他的意思。然而，覆水难收。在这一过程中，社会党人自己也开始公开质疑剥夺国籍的政策。一场辩论随之降临，它将极大地割裂多数党。2016年1月底，这场争论甚至引发了一位标志性人物——司法部部长克里斯蒂娜·陶比拉——的辞职。作为奥朗德所领导的左派的最后保障，陶比拉的离开所引发的政府改组让马克龙感到了些许羞耻感。先前，当他的部长工作扩大至包含就业领域时，他本以为自己可以从中受益，结果却发现，自己的礼节位置甚至还被推后了两位[①]。"瓦尔斯的阴招真是层出不穷。"经济部的人们感到窒息。瓦尔斯的态度也让马克龙恼火。"瓦尔斯是疯了吗！他一刻不停地攻击我。"马克龙对一位亲信说道。他越发开始重新考虑自己的未来。为什么要留在一个不再能给他带来任何益处的政府里呢？为什么要继续支持一个日益羸弱的国家元首，尤其是这个国家元首还要推行剥夺国籍这个可悲的政策？

紧随剥夺国籍政策而来的是另一场灾难性的辩论——劳动力市场改

[①] 在政府重组前，作为经济部部长的马克龙在外交礼节顺序的次序为第十二位。重组后，他的次序被奥朗德及瓦尔斯推后了两位，位于第十四位。

革。示威和抗议此起彼伏，群情激奋。瓦尔斯试图抵抗，然而，他在《库姆里法案》尚未呈递给部长会议前，再一次动用49-3号条款的威胁挑起了众人对该法案的激烈反对。马克龙也相信，就算这份法案最后得以通过，它也不可能实现它所倡导的彻底变革的目的。面对不甚明朗的前景，继续推行改革的希望日渐渺茫，他要另寻出路了。

然而，通往总统选举的道路崎岖陡峭。如果要由此取道，他必须首先建立一个组织架构，才能给他增加参选的可能性。如果社会党党内组织一场初选的话，他是有参选的可能的。然而，在2016年年初，这一可能性并不大。此外，马克龙还认为，社会党内部已经精疲力竭，遴选爱丽舍宫候选人的流程也不过是为了掩盖政治战线的严重分歧罢了。他不想做任何妥协。然而虽然他有如此想法，在没有拥护者、没有经验、没有支持和没有资金的情况下，想要在大选开始前一年中独立创建自己的政治团体，这几乎是项不可能完成的任务。不过就算是这样，他所面对的挑战还是极具诱惑的。他决定迎接这个挑战。

第十五章　小心脚下

"我想汇集各方进步人士，好在接下来的总统竞选中呈现有抱负的提议。"

马克龙接受《回声报》采访，2016 年 5 月 25 日

记者们正在一座凄凉的小停车场里等候着。在临时租来的车内，有些人试着用智能手机通过每日影像①拍摄录像。直播几分钟后就会开始。这里距离亚眠的"巨型城市"（Mégacités）②场馆仅有几米之遥。在那里，马克龙为他的支持者们预留了专门通道。就在刚才，脸书（Facebook）上有 200 多人注册参加了这场由经济部部长组织的新公民见面活动。媒体不得进入，这是指令。在一整天的时间里，记者们都在亚眠的街巷里和马克龙玩着猫鼠游戏。而今晚，正是在这里，在他的故乡，马克龙将为自己驶向爱丽舍宫的伟大且不可思议的征程砌起第一块砖——创立一

---

① Dailymotion，巴黎一家视频分享网站。
② 法国亚眠市用来举办展览、活动和会议的场所。

个政治组织。眼下，这不过是传闻。不过，鉴于这个传言已经持续了很久，巴黎的各大新闻编辑部早已火速将手下的记者们派往了现场。一位现任部长要在总统竞选前创建政治组织，这是史无前例的。这是在向支持率一直在低谷徘徊的共和国总统发出的挑战，也是对民众好感度正被其总理一职不断消磨的瓦尔斯进行的挑衅。对无力再消化奥朗德混乱的五年任期的间接影响的社会党来说，这更是一种蔑视。这就是马克龙的方法——违抗法则。这也是他受新式经济和创业公司启发而采取的策略。它可以用一个词来形容：颠覆。拉鲁斯词典对这个词的解释是"迸出火花的触电感"。这个词也指代新兴公司在长期受大公司把持的市场中，通过搅乱规则、提高产品的现代化和突破僵化而对市场发起的冲击。这就是马克龙在政治舞台上意欲尝试的，也是他在2016年4月的这个晚上，通过召集自己的支持者而踏上的前进之路。他的妻子布丽吉特站在第一排。没有系领带的年轻经济部部长手拿麦克风，开始了演讲。记者的手机开始视频转播。虽然图像质量并不算好，但是声音没有被扭曲——这才是关键，话语才是最重要的。"我花了很长时间，也做了思考，咨询了其他人，也同很多人取得了联系，"马克龙说道，"我决定和大家一起，创建一个政党，一个既非左也非右的新政党。"这就是"前进运动"，它依托网络组织进行，人们只需在网上注册就能加入，无须交党费，也没有党员证，只有头像。马克龙的名字和他创建的政党正好缩写相同，而政党的计划、道路和目标也都由他制定。这无疑有些自恋，但这也是对社会党的宏大传统——比起将赌注压在个人身上，他们对集体更为依赖——的反抗。与此同时，马克龙还宣布要开创一场"伟大的进程"。他邀请支持者们在全法境内进行上门活动，目的是收集法国人的意见，进行一次全国性诊断。这也是马克龙回应那些经常中伤他的人所发出的谴责——即他从未成为公职当选人——的方法。这一全国性诊断也是塑造他仍旧缺乏的合法候选人身份的方式，使得他能够获得代表法国人发声的资格。不过，为了达到这个目标，他必须找到更多的参与者，这就需要招兵买马——但这并不容易。

在大部分政党——尤其是社会党——看来，这个年轻的部长根本不可能在这么短的时间内赢得赌注。虽然他的举措会引发担忧，但所有人都认为马克龙不过是一个终将破裂的泡沫。他在民众中的受欢迎度不过是空中花园，经不起实地考验。此外，他的政治立场——"既非左，也非右，等于什么也不是，因为左派和右派根本就不一样。"斯特凡纳·勒福尔在社会党随后召开的一场会议上抨击道。勒福尔是社会党内一路陪伴在奥朗德身边的亲信，对于现任农业部部长的他来说，政治首先就要遵循规则和惯例，而这也正是马克龙想要通过他的政党打破的。在法国这样如此重视政治的国家中，这是一场疯狂的赌博。然而，话虽如此，马克龙对法国政治体系的分析却是正确的。在他看来，各党派都已经精疲力竭，无力应对自30多年前起就定期震荡国家的经济危机。他想粉碎他们的"年金"。

面对这样的攻势，社会党人试图将事件的影响降至最低。"对他来说，最重要的是能够在人们的视线中停留更久的时间。但在他之前，已经有过很多一开始极受欢迎，但最后又消失在了雷达荧光屏上（指消失在公众视野里）的人了，"马克龙在贝西的继任者皮埃尔·莫斯科维奇说，"要防止这样的情形过快发生。"对奥朗德来说，马克龙依然可以发挥很大作用，他是能让共和国总统觊觎中左派选民选票的那个人。面对总统选举，比起与社会党左翼间日益扩大的裂痕，这样的实力增强显得更加必不可少。剥夺国籍和劳动法改革的推行正越发割裂爱丽舍宫与造反派，离2017年大选越近，两方和解的希望就越发变得渺茫。眼下，奥朗德还是选择将"前进运动"的影响力控制在最低的范围内。"我在前进，在前进呢。"当被问起他对自己的被保护人的举措的看法时，他开玩笑地说。然而，在政府内，人们的质疑声更大。"马克龙在组织政党方面完全是个新手。他对此一无所知。策略不是他擅长的领域。"一位在政府内举足轻重的部长断言。不过，这些夸夸其谈也掩盖了另一重担忧。

这样的事情之前是有过先例的。这就要说回到2006年发生的一件令社会党人至今难忘的事情了。正是在那时，罗亚尔团结社会党边缘人士，开创了名为"未来愿望"（Désirs d'avenir）的政治组织，该组织脱离了社会党，旨在与那些并不认同索尔菲雷诺路的老党派成员的支持者结成联盟。在其最鼎盛时期，这一参与了2007年大选的党派吸引了一万名成员。但是，它的存在也始终离不开社会党党内的支持者们。马克龙没有向社会党人关上大门，但他也没有向右派关上大门。人人都有加入"前进运动"的自由，不管他做出何种政治承诺。"思考，参与，跨领域，以及所有政党之外的人士：这就是马克龙的新兴俱乐部。"议员泰拉斯如是总结。经济部部长马克龙要通过这一政党找回由戴高乐奠定的第五共和国的基石。总统选举是候选人与全体法国人民的会面，它超越了所有党派。马克龙正在酝酿的竞选雄心是否已经超出了人们的想象？不过，就算这种假设坐实，马克龙还是需要历经万般考验才能获得候选资格。特别是他必须从政府辞职。脱离经济部的马克龙又是谁呢？谁也不是。他的对手们就是这么想的，首当其冲的就是瓦尔斯。此外，马克龙又要如何以一个候选人的姿态面对奥朗德——那个培养和造就他的人？在2016年的4月初，社会党内人人都认为这个年轻部长的"个人冒险"很快就会走到尽头。每个人都会竭力给他制造困难。但是人们所没有看到的是，马克龙实际上已经为自己制定出了一套明确的策略。他相信奥朗德在考虑到自己极低的支持率后，将不会代表党派参加2017年大选，因而也由此制订了自己的计划。首先，他会辞职，但他不会让自己陷入任何约束之中。然后，他要宣布参加竞选，以此推动总统放弃竞选。这一切都将在他的计划之中，而发动"前进运动"不过是计划的第一步。然而，自马克龙踏入总统选举的那一刻起，他就会立即发现跟随这一举动而来的各种麻烦。

第十六章　布鲁图斯①的衣衫

"当我有什么话想说的时候，我会自己来说。我不会让我的话经由他人之口。我不会放什么话出来，也不会做出不恰当的行为，包括威胁要辞职……如果我身处这样的情形下，我会和我唯一应该讨论这种情况的那个人讨论，那就是共和国的总统：但是我没有得到这种机会。我就在这里，我会一直坚持到最后，只要奥朗德同意，我会留在瓦尔斯的政府里。我既不是任何部长位置的候选人，也不是任何法案的制定者。但是我坚定地支持彻底改革，还有一切能够推动国家发展的举措……如果我认为我的双手还不够自由，我就不会站在你们面前。"

马克龙接受法国全天候电视台（BFMTV）的采访

2016 年 1 月 20 日，距离辞职还有 7 个月

---

①马尔库斯·尤利乌斯·布鲁图斯（公元前 85 年—公元前 42 年），罗马共和国的元老院议员，组织并参与了对恺撒的谋杀。

从来没有哪一次的水上出行吸引过如此多的关注。几分钟后，马克龙就要在贝西登上小船，这些船只可以载着部长们很快到达国民议会。取道塞纳河是为了避免堵车，这也是经济部部长为了在议员面前捍卫他的法案时，曾经常走的一条路。然而，今天他的目的地不是国民议会，而是爱丽舍宫。在航程尽头等待他的，是部长生涯的结束。2016年8月30日，也就是马克龙被任命的两年后，他向奥朗德递交了辞呈。国家元首坚持在他的办公室里与马克龙进行面谈，这是奥朗德尝试面对面说服马克龙留下的最后一次机会。事实上，马克龙在前一天晚上就已经给奥朗德打了预防针："我没有我所需要的空间。我想要投入到自己的政党中。"奥朗德尝试挽留他："你作为经济部部长，还有很多事情要做。在你结束之前，还有大量的工作要处理。你是知道规则的。如果你在政府工作，你是不可能兼顾你的政党的。你要么留在政府，要么辞职。你是不可能既留在政府，又有自己的政党的。"那时，马克龙已经下定了决心，但他还没有把决定告诉奥朗德，他将在第二天早晨打电话告诉后者。"我知道我受到了束缚。我知道我没有自由。我决定离开政府。"他向奥朗德说道。对此，奥朗德想要了解更多的细节："你辞职后准备做什么？"瓦尔斯也问了同样的问题，但他心里已经有了答案。当马克龙打电话给他，告诉他自己将要辞职时，总理暴跳如雷。"你辞职是要去做什么，埃马纽埃尔？你是要成为总统选举候选人吗？你是没有机会的！就算你成了候选人，社会党里还是会有你的对手，还有梅朗雄，环保派，可能还有共产党人。你能有几成胜算？12%，最多15%的选票。你会被击败的，而且还会被左派除名。这就是你想要的吗？你可要想清楚。"根据《世界报》的报道，瓦尔斯正是这样对马克龙咆哮的。不过就像早先面对奥朗德时一样，马克龙选择了回避。他无须多言，对他来说，这次辞职是一石二鸟。首先，辞职会将他推入总统选举候选人的轨道上。其次，它还会进一步降低奥朗德再次参加2017年总统选举的可能性。对奥朗德总统而言，马克龙的辞职不仅意味着他失去了一位部长，更是他的继承者对他扇的一记耳光。马克龙是总统唯一一个能够托付信任的人——即便他无数次偏离轨道，即便他建立了自己的政党——却在2016年8月底宣布上演了这忤逆的一幕。马克龙对共和国总统有什么义务吗？"我并不亏欠他什么。"马克龙曾在《道芬自由报》(Le Dauphiné libéré)的采访中反驳道。是奥朗德放任自流。他无疑不想看到即将发生的这一切：受他保护的孩子缓慢却不可阻挡地重获了自由。因为这正是事情的全部。

在不到两个月前的7月12日，这位年轻人曾犯下大逆不道的"罪行"：在巴黎互助大厦（Salle de la Mutualité）——社会党人最喜欢的会议厅——召开了一场他的政党会议，当时台下坐了近4000人。面对如此庞大的人潮，组织者不得不开放了第二个会议厅。这是向社会党发出的警报。在同一时间，后者正在为奥朗德召开支持者大会，而场地只能勉强坐满。此外，受邀前来的作家亚历山大·雅尔丹在马克龙的演讲台上还发出了另一个警告，令大多数人简直无法相信自己的耳朵。"我希望马克龙不要再问这样的问题：我是参加还是不参加总统竞选。"作家说。话音刚落就掀起了观众的喝彩，大厅里的人大吼："马克龙，总统！"马克龙也没有隐藏自己的雄心："想象一下吧，三个月后、六个月后，还有一年之后，我们的未来！"在7月14日[①]前——也就是奥朗德总统任期内最后一次国庆传统讲话的两天前——召开这样一次集会实为挑衅。在对所属政府进行批评时，马克龙也没有半点犹豫。当有人问起他对《劳动法》的看法时，马克龙狠批道："它是一项重要的改革，但它已经不再是我们今天要争取的对象了。"当有人问起他对《能源转型法案》[②]的态度时，他干脆地表示，"这是一部勇气可嘉的法案，但我们必须走得更远。"

---

① 法国国庆日。
② 《能源转型法案》由环境部部长罗亚尔主导制定，于2014年10月14日获得法国议院通过。法案的目的是对法国能源消费进行结构性调整。

而且,尽管他对奥朗德的信任表示感谢,尽管他也承认"这两年里奥朗德还是做了不少事情",但他此话的目的却是为了批评总统的做事风格,"当我们要一边伪装一边前进时,我们很难令民众信服……"2016年7月12日举行的这场活动的结果就是,每个在政府工作的人都相信,马克龙已经准备好递交辞呈了,这不过是在哪一天,或者是几个小时后就会发生的事情。然而,一场新的悲剧将会搅乱他的日程。

7月14日晚,一名"伊斯兰国"恐怖分子开着一辆卡车冲向了法国尼斯的英国人漫步大道,那里聚集了大批观看烟火表演的人群。这是一场惊世骇俗的屠杀,接近90人遇难,这是一个可怕的数字。法国再一次被恐怖的阴影笼罩。奥朗德、瓦尔斯和内政部部长伯纳德·卡泽纳夫又一次站到了第一线,其他所有事情都被搁置一边。对马克龙来说,首先要被放到一边的就是他的雄心壮志,他退后了一步,让国家哀悼。夏天过去了,选举又重新回到了公众的视线中。原本打算在南特而不是拉罗舍尔召集传统夏季大学的社会党人现在却不得不面对活动将被取消的局面——身处诺特尔达梅-代朗代①的环保派强硬人士正对在这座城市修建机场的计划提出抗议,并威胁要将这座城市变为反对社会党的战场。而右翼中,尼古拉·萨科齐发布了新书,并以此宣布参加总统竞选。在离法国大选不到一年的时间里,每个人都站到了起跑线上。左翼和右翼的人们几乎都忘记了马克龙,而他却选择在这个时刻突然宣布辞职。消息一出,一片哗然。没有人在期待他的登场,而他要引发风暴。媒体进行了大量报道。一整天里,电台全程追踪他的足迹,直至他在贝西登上塞纳河的通勤小船,前往奥朗德处正式宣布辞职。当他返回经济部时,他发表了一番简短的讲话,通过对过去两年来担任奥朗德政府经济部部长的回顾,为自己的所作所为做出了解释。他说,自己"触到了法国政治

---

① 法国大西洋卢瓦尔省的一个市镇,位于南特市西北方向20公里左右。

体制的极限",谴责了"那些最后时刻的妥协",并揭露了"人们对彼此的恐惧"。"我也不是事事都处理得很好,有些企业还是倒闭了,"他承认,"有时,我也无法说服人们像我一样认识到推行和深化经济转型的必要性。"随后,他将自己的目光清晰地瞄准了2017年的总统选举。"在我们的共和国中,总统竞选是唯一能够推动这些有利于转型的必要辩论的机会,"他解释说,"我希望可以开启新的奋斗篇章,建立一个能够维护公众利益的计划。"他呼吁团结法国上下之力,"不管他们属于哪一个政治派别,也不管他们是否信任政治。"这就是他离开政府的原因。他的计划"在他仍然隶属某届政府时,是无法实现的",它需要"自由言论、自由倡议、自由行动和自由集会"。

他的举动是一场针对奥朗德的暴动,甚至可以说是一种背叛。在第五共和国的历史上,还没有哪个背叛者能够成功脱身,至少在他们叛离后的最初一段时间里。希拉克花了很久才离开瓦勒里·季斯卡·德斯坦。萨科齐也在很长一段时间里因为背弃希拉克、投奔爱德华·巴拉迪尔而饱受诟病。马克龙追随了这些人的脚步。他也清楚自己的举动,并努力将影响降到最低。在他的辞职演讲中,他向总统致以了敬意,他说自己"相信法国人民在评价奥朗德时,会给这位面对众多特殊困难的总统一个公允的评判"。然而,马克龙的对头还是给他套上了布鲁图斯的衣衫。但是眼下,把赌注压在共和国总统会退出竞选上的并不只有他一个人。其他人正在暗中潜伏,马克龙不会是最后一个拿刀的人。不过,目前还有另一个"工程"在等着他。既然现在的他已经离职,他就将全身心地投入到自己的"前进运动"以及他的团队正着手进行的全国性诊断中。只有当他成功地完成了这一步后,他才能来到计划的第三阶段:成为总统选举候选人。

第十七章　诊断

"当一个人在廉洁方面出现问题时，我们怎么还能放心地将国家的命运交到他的手上呢？这个人怎么能先以最轻蔑的态度向法国人民说教，然后继续对他们许诺呢？……当一个人在使用竞选经费时故意超支，我们还能相信他可以承担起国家的命运，并且接受全民投票吗？……作为政治家，当他可以通过选举获得代表国家的最高级别职位时，我认为他犯的错误是应该有区分的。有些错误一定会让你彻底丧失竞选资格。"

　　　　马克龙在斯特拉斯堡一场会议上的发言，2016年10月4日

到处都是人。年轻人身着灰色套头衫，上面印着徽标——"前进运动"，他们都是来为马克龙的政治运动助力的志愿者。他们站在斯特拉斯堡议会大厦的门口核实支持者的姓名，引导他们在会议大厅里坐好，并在各处忙碌着，好让一切都能按计划进行。在马克龙创立了自己的政治组织后的第七个月，他已经有了一小支可以倚靠的积极支持者队伍。"前

进运动"已经拥有了80000名成员,和社会党的成员一样多。当然,人们只需要在网上注册,无须缴费就能够成为该组织的一员。但这至少也表明了人们对前任经济部部长举措的关注,至少是一种渴望得到满足的好奇心。

在这个10月的上旬,"前进运动"的领导人——这也是今后人们介绍马克龙的方式——在斯特拉斯堡举办了一场与诊断有关的会议。这是三场系列会议中的第一场,剩下的两场会在勒芒和蒙彼利埃举行。会议是为了总结在过去那个夏天里,面向全体法国人开展的大规模调查活动。这场规模宏大的上门调查运动共收集了25000份问卷。为了达到这个目标,前进党人敲响了30多万扇大门,做了10万多次访谈,并当即就邀请200位专家就其内容进行汇总、编纂和分析。马克龙团队列举的正是这些数字。"这是向本质的回归,民主的第一基石就是聆听,不是发话。"前经济部部长的新一任公关顾问西尔万·福尔说道。这些日子以来,马克龙的队伍壮大了,但还是缺乏有分量的人物。从政治方面来说,里昂市市长杰拉尔·哥伦布已经在早前加入了马克龙的团队。哥伦布一直属于社会党右翼,很快就和马克龙结盟。还有理查德·费兰德,这位菲尼斯泰尔省议员是《马克龙法案》在国民议会上的报告人。他并不完全是一个右翼人物,但他时常对机构间的明争暗斗以及领导部门的算计表示厌恶。此外,队伍中还有弗朗索瓦·帕亚克,来自金丘地区①的前议员,也是勃艮第大区的区行政委员会主席。很长一段时间以来,他和皮埃尔·莫斯科维奇走得很近,但是马克龙让他找到了挂帅出征的新战场。还有其他很多人仍在按兵不动,他们想看看马克龙的征途将会如何转向。所有的重量级人物都只会在最后一刻才会聚拢,因为马克龙的胜算会让这些人掂量自己可以给予的支持。他们都在观察马克龙,并好奇地想知

---

①法国勃艮第的黄金葡萄酒产区。

道这场前所未有的国家诊断会得出怎样的结果。"前进运动"团队想通过他们的走访勾勒出法国 2016 年的全景,包括国民的预期、担忧和愿景,这将成为该政治运动参加总统选举的根基,也将为马克龙获得合法候选人资格提供基础。马克龙并没有隐瞒自己的意图,相反,他在努力等待时机。"首先,我们要完成这个计划。然后,就只剩下向候选人身份转变了。"他如是总结。马克龙在 10 月份召集的三场会议被视为一个发射台,要将他向 2017 年推进。他的目的是什么?他要在月底出现在大众面前,并成为让左派有资格参加总统竞选第二轮的唯一候选人。这会让社会党人恐惧,让右派担忧,并削弱国民阵线。除此之外,还需要向他的对手们显示,经济部部长并非像他们喜欢声称的那样,是孤军作战——他要展现出自己的力量。在今晚的斯特拉斯堡,1200 人在翘首企盼。而相比之下,为奥朗德举办支持者大会的社会党的情况就不那么令人感到欣慰了——社会党连 400 人都没有召集到。那里的氛围也极为消沉。虽然参加集会的政府成员们努力想振奋人们的士气,但整体气氛却始终像是一潭死水。总统支持率的持续走低,国民阵线很可能进入大选第二轮,左派在第一轮就会被淘汰的推测越发变得可信……社会党的未来乌云密布。而对比来看,马克龙的团队所展现出的激情则近乎挑衅,甚至是无所顾忌。争夺爱丽舍宫大门钥匙的战争一触即发。然而,没有什么是靠运气得来的。

在斯特拉斯堡会议之前,马克龙已经对他的演讲进行了多次彩排。那是一个黑色的演讲台,位于支持者的中央。四个角落里都设有提词器,巨大的屏幕上回放着诊断活动收集的内容,此外还有现代化的舞台布景……一切都准备就绪。不过,他还不习惯这样的活动。他还在打磨自己的这项能力,而他的团队所做的报告也太过于宏大、太富有野心,而且尤其过于冗长。"前进运动"经验不足的成员的走访活动汇报占用了过长的时间,以至于公众已经开始厌倦和疲乏了。他们前来聆听的对象是马克龙,而不是一批难以抓住场内观众注意力的不知名演讲者。因此,当马克龙走上舞台时,支持者们已经有些昏昏欲睡了。他要通过阐明和解释诊断的细节以及措施来努力唤醒听众。然而,直到他对朱佩和萨科齐——当时右派获得初选胜利呼声最高的两个人——发起攻击时,人们才振奋了片刻。他批评了前者在司法方面的过往,抨击了后者在2007年大选时竞选费用的超支使用。然而,他的讲话时间还是过长了,并没能让观众信服。诊断也没有起到效果,它实际上仅仅是重复了"老牌"政治家数月以来反复狠批的事实:法国正饱受繁复和过时的立法的束缚,必须得到解放。

"诊断大会"剩下的场次依然将按先前的方式进行。如果说随着时间的推移,会议的节奏会逐渐得到改进,但马克龙想传达的信息却很难让人记住。更主要的一点是,马克龙拒绝公布具体的竞选纲领,更倾向于通过技术性措施的形式,将提案穿插进他的演讲中,但这并不一定能激发观众的热情。在勒芒时,他吸取了斯特拉斯堡的教训,缩短了第一部分由成员们陈述诊断细节的时间。但是随后,他还是让自己陷入了无休止的讲话中,长达两个多小时的演讲最终让一些观众离开了现场。在蒙彼利埃的那一场也同样如此,这是他第一次冒险涉足国家政策。然而,这种重复性质的会议还是引发了副作用。此外,马克龙在民调中的排位也没有动静。虽然他在秋天发起了攻势,但是他还是被牢牢地固定在了第三名的位置上。当然,他是左派中排名第一的候选人,但选情依然对右派和勒庞更有利。他可能都无法进入第二轮。他必须加快脚步,尤其是在媒体看来局势颇为复杂的11月中,右派的首轮选举会占据整个报道,而将他的努力全部淹没。如果马克龙还想继续他的征程,他就必须为自己释放政治空间。如果朱佩取胜,这对他来说将不是个好消息。因为这位前总理吸引了一部分可能会加入马克龙的右派选民。对马克龙来说,萨科齐取胜会对他更为有利。至于右派的其他候选人,他们则被认为机会渺茫。在民调中，菲永正处于和布鲁诺·勒梅尔抢夺第三名位置的胶着战争中。如果马克龙想保住机会，他就必须搅乱这场霸占了众人所有注意力的右派初选。虽然左派和社会党已经宣布放弃干预这一正在右派内部上演的角力，但马克龙将会向这个突破口发起冲击。他要再一次打破人们的预期。

第十八章　我是候选人

"当我们做这一类决定时,不管它重要与否……都需要经过深思熟虑,它不应当是任何临时的决定。是的,它是一个无法更改的决定。"

马克龙接受法国电视二台(France 2)的采访

2016 年 11 月 16 日

车辆周围的空气中弥漫着尘土和汽油的味道。对一个汽车修理店来说,这不足为奇。但令人惊讶的是,在车库的尽头支起了一个小演讲台。背景是蓝色的,挂着三色旗①和欧盟的旗帜,一张斜面桌上贴着如下标识:"埃马纽埃尔·马克龙宣布参加竞选仪式。博比尼,2016 年 11 月 16 日"。这是重要的一天:马克龙宣布参加总统竞选。他的一系列活动终于得到了应有的结果。他的新一场征程即将开始。这一次,对马克龙来说,一切都会彻底改变。作完演讲后,他就无法回头了,除非他要退缩。

---

① 指法国国旗。

马克龙的面前簇拥了众多记者——他们赶到博比尼这个位于巴黎市郊的学徒培训中心报道这一事件，还有一些学生。马克龙已经做好了揭晓悬念的准备，这仅仅是针对那些曾指望看到他打退堂鼓的人。自前一晚起，他将宣布参选的消息就几乎占据了所有报纸的版面。另一边，右翼的初选依然在按计划进行。第二天，右翼的候选人就将彼此对峙，参加他们在电视上的最后一次竞选辩论。投票会在接下来的周日举行。对马克龙来说，这是他让自己加入讨论的一个方法，也是他影响投票的尝试。为了赢得赌注，他需要右翼候选人牢牢地牟定在右翼，这样的政治立场就能将中右派的选民推往自己。如果朱佩当选，那么马克龙无疑会受到致命的打击；萨科齐会是个不错的选择；而至于菲永，没有人认为他能获胜，尽管他看起来将会是第三名位置的有力竞争者。这就是他对右翼政党的设想。而左翼的情况则难以捉摸得多。自从一本有关奥朗德私生活的书在记者手中传阅开来，怀疑之声就在社会党人中四起："一个总统怎么能这么说话……"总统还能够代表党派参加竞选吗？尽管总统已经开始组织自己的竞选活动，但这本极具争议的书还是让他不得不重回起跑线。然而，时间已经开始倒数。社会党初选候选人的注册在一个月之内就会关闭。在如此短的时间内，奥朗德不可能东山再起，他无法去平息那些越发在暗中对总统竞选活动进行阻挠的狂热分子。瓦尔斯就是其中之一。总理已经开始巧妙地散布一些流言蜚语，指出社会党支持者在了解了奥朗德私生活后所感到的"愤怒"和"耻辱"。总统的候选人资格悬而未决，马克龙也要发起阻止他的行动了。

当马克龙来到那间小汽车修理店的演讲台前时，室内的空气凝固了，只有照相机的咔嚓声打破寂静。马克龙的团队和他的妻子坐在第一排。马克龙面容庄重，试着通过微笑和眨眼来让气氛轻松起来。他先留了片刻时间让大家拍照，以此让室内重新安静下来。然后，他开始讲话，神色坚定。他首先回顾了自己一路走来的历程，通过总结自己的行动来证明自己的初衷。在贝西就职的两年里,他出台了一部借助宪法49-3号条款、并以自己名字命名的法案。另外,还曾草拟过另一部日后石沉大海的法案,后者至少是一次针对劳动力市场的改革,而且同样也突然动用了49-3号条款。"从政府内部,我见证了我国政治体系的空洞,这种空洞阻碍了各种想法的实现,因为这些想法会削弱政府机关,这样的政府已经不再以公众利益为己任,而是为了追求自身利益。"那他是怎么看他的政治圈内以瓦尔斯为首的他的反对者的呢?"在过去几个月里,我确实注意到,反抗墨守成规与政治门阀要付出很多代价。而这些正是阻挠国家转型的主要障碍。"政治家们呢?"他们在利用法国人的生活,仅仅将人民视为自己的皮影系的装点。"左右翼的机构呢?"它们的失败源于采取的模式和方法。"马克龙对形势的评判阴郁,有时甚至与国民阵线类似。他和勒庞在同样的土壤——失望,倒退,对上层精英的愤慨——上开花结果。"今天的法国正在偏离进步的道路,"他说,"我们没能成功解决大规模失业的问题,我们放弃了很多领域,还要面临欧洲的萎靡不振和内部分裂。法国正在受到各类社团主义的阻碍。"不过这些立场也与极右翼针锋相对:他希望法国能够拥抱全球化,振兴欧洲,并直接反击国民阵线的言论。"我听到有声音说,我们的国家正在走下坡路,最糟糕的时刻即将到来,我们的文明正在衰亡。他们提议要退出,要发动内战,或是采取其他属于上个世纪的手段。"马克龙谴责了以上这些主张,但他并未指名道姓。上周,在与其政治运动干部会晤的会议上,马克龙就已经对国民阵线提出了反对,称其为"污染共和国的党派"。他想要与之抗衡,至少是说服一些选民加入他。"在我看来,我们的要务既不是集结左派,也不是集结右派,而是要团结所有法国人。"既非左亦非右,而是要超越所有党派。马克龙的做法与戴高乐一致。这也是他发出以下声明——我是共和国总统选举的候选人——的原因。他达成了目标。批评议论如雪崩一般砸下来了,首先就来自奥朗德。

正在摩洛哥马拉喀什参加第 22 届联合国气候变化大会的总统难掩怒火。即使到了最后这个时刻，他还是不敢相信他的前爱徒会宣布参加竞选。此外，虽然马克龙对他进行了百般挑衅，他却一直都对他十分宽容，有时甚至都引起了亲信们的不满。"马克龙就像是奥朗德的第二个儿子，政治上的儿子。奥朗德一直都不相信马克龙会做出弑父这种事情。"奥朗德的一个亲信曾说。奥朗德被疏离得更远了。"团结和凝聚力是一大关键。如果左翼不能团结，它就无法实现目标。如果法国四分五裂，人心涣散，它就会走下坡路。"这位亲信还如是警告。身为总统的奥朗德视自己为统一者、己方阵营正当合理的候选人，以及重新凝聚一切、拥有社会党人神圣联盟支持的那个人。然而，从一方面来说，他的左派自他当选总统的那天起，就从未停止过对他的经济政策的攻击；另一方面，这一进步的左派也在被马克龙拉拢。在经济部前部长宣布参加竞选后，奥朗德的前景越发变得黯淡。瓦尔斯知道这一点，他假装对马克龙参与爱丽舍宫角逐一事不予重视。"没什么能够影响到我。"当被问到对此事的看法时，他回答说。然而，在奥朗德五年任期结束前，如果他不愿意将自己再局限于负责国家会计和资产负债表的总理角色中，他就需要尽快采取行动。马克龙宣布参选引发的一连串事件将造成政治版图的全面动荡。在一场总统选举中，"没有什么会按照预期进行"，奥朗德以前经常这么说。但是总统绝对想不到，2017 年的这场大选将会证明他的这一说法是多么准确。

第二部分

竞选日志

2016年5月,即大选前一年,记者与一位社会党议员的谈话:

——您认为马克龙创建自己的政治运动是为了参加总统选举吗?

——他可以试试,如果他觉得这样做很有趣的话。但是他是没有任何机会的。我不觉得他会成功。

——他还是挺受欢迎的。

——那是不会长久的。您瞧,泡沫到最后就会破裂。现在,媒体还在盲目追捧这个由它们一手创造的焦点人物,但是政治里的无形规矩会把他打回原形。

——您的意思是说?

——要参加总统选举,就必须有政治空间,这是马克龙所没有的。到了最后的最后,肯定是左翼和右翼间的争夺。您就等着瞧吧。我们可以过一年后再回头聊这个话题。

"今天，我们干掉了社会党"

2016 年 12 月 10 日，星期六

巴黎，凡尔赛门。马克龙的公关顾问西尔万·福尔正站在媒体为此次活动部署的卫星卡车间的停车场空地上，看着展览馆外排成长龙的人群。几个小时后，马克龙的会议将在这里召开，时间足够让所有与会者入场。虽然到目前为止，有多少人前来参会还不得而知，但是大会显然已经获得了成功。大批支持者从地铁口涌出，从有轨电车和公交车上走下，来参加马克龙 2017 年总统选举的第一场大规模竞选活动。这是他的竞选正式开始的标志吗？

竞选何时才算真正开始呢？马克龙在什么时候才算真正拉开他的竞选大幕呢？这些问题很难回答。总统竞选有时就像是马拉松和 110 米跨栏的结合体，在快到终点的时候有一段冲刺。官方的起止日期当然是存在的，在这段时间里，电视和广播媒体都必须谨遵相关规则，即保持每个候选人讲话时间的严格相等。每个阵营在公共电台上发布竞选录像时也需要遵守时间限制。不过，当竞选活动得到批准后，这个强制性要求经常也没有太大的约束力。2017 年总统竞选活动的官方起始时间被定在了 4 月 10 日，星期一。然而实际上，候选人从来不会一直等到这个时间——它仅仅标志着竞赛开始进入最后阶段。

另一个节点就是由法国最高行政法院发布的总统候选人官方名单。这个时间被定在了 2017 年 3 月 17 日。到了这一天，每个人都会得知最终的对手名单。到那时，竞选的格局也会被固定下来。然而同样的，候选人也绝不会等到这一刻才开始竞选活动。2016 年 12 月初，也就是距

第一轮选举开始前的五个月，马克龙仅仅知道他的右翼和极右翼对手。第一个对手是弗朗索瓦·菲永，他在法国共和党初选中的获胜让他以强势候选人的姿态横空出世，这令许多人惊讶不已。第二个对手是玛丽娜·勒庞。很多年以来，她在民调中都拥有进入第二轮投票的通行证。马克龙明白，他要做的就是拿下第一轮选举，在第二轮中迎战勒庞，然后推开爱丽舍宫的大门。这块版图中所缺少的只剩下社会党人候选人了。这也是对马克龙来说致命的未知数。如果瓦尔斯获胜，那么马克龙就会直接与他对抗。两人都深耕于现代社会主义和改革社会主义的土壤。"前进运动"的领导人宁愿看到来自极左阵营的人物代表社会党，比如蒙特布尔。要是哈蒙的话，就更好不过了。这样，中左部分的政治空间就可以得到释放。如此一来，鉴于菲永的胜利已经让马克龙能够触碰到中右派选民，那么他在竞选活动时就会面向一条宽阔的大道。然而，他也知道社会党内的初选会在1月底前占据整个媒体版面，而候选人的任命会在第二轮投票的当晚进行。他必须坚持到那个时刻。他宣布竞选的消息已经在舆论中掀起了一阵波澜，但还不足以让他被视为能够挺进第二轮的强力候选人。眼下，菲永正处于优势地位。至于社会党人，他们则打算依靠初选为胜利者造势，以此帮助其超越马克龙。"我们就等到200万人赶来投票的那个时候吧。马克龙是无法招架初选的威力的。他会被迫给社会党候选人让位。"12月初，一位社会党的领导人肯定地表示。鉴于此，我们无疑可以将这个时刻视为马克龙竞选的开端。当然，这个日期还可以更加精确，即2016年12月10日，当日，他在巴黎凡尔赛门举行了会议——10年前，萨科齐正是在那里发表了他宣布参加总统选举的奠基性讲话。马克龙的会议与社会党的会议形成了天壤之别：当同一时间的社会党会议门可罗雀时，凡尔赛门则出现了自2012年大选起就再没有过的盛况。等待的队伍在巨大的建筑外排成了长龙，人们要花上一个半小时才能进入会议厅。没有人抱怨。来自全法各地的支持者们乘火车自发赶来参会。这就是所谓的号召力。大厅外，福尔一直观察着支持者们水泄不通的队伍。像马克龙团队的所有其他人一样，他几乎不敢相信会议会如此成功。"请不要把我的话写进报纸里，"他低声说，"但是我们在今天干掉了社会党。"

"你要知道,埃马纽埃尔,搞政治并不容易"

2016 年 12 月 11 日,星期日

罗亚尔参加了马克龙的会议。和所有人一样,她注意到"前进运动"的领导人是以呼喊结束讲话的。这个情景让人震惊,也激起了评论界的一片讥讽。罗亚尔对这种场景非常熟悉。2008 年,在一场会议结束时,她曾用铿锵有力的声音对自己的追随者喊出了"博爱,博爱,博爱"的口号,如同精神领袖一般。"不需要中伤或是嘲讽他。我认为他在努力重新定义未来,就像我们需要在一个发展、变化和动态的世界中思考法国的未来那样。"她在法国电视四台旗下的第 8 频道(C8)为马克龙辩护。这位 2007 年的老候选人还在犹豫。社会党人中没有谁比她更受欢迎。她对瓦尔斯心怀抱怨,蒙特布尔让她愤怒,她厌恶文森·佩永,只有哈蒙让她觉得还算顺眼。于是,马克龙的竞选之路越发引起了她的关注,两人之间的关系也变得认真起来。自从奥朗德放弃参加二次参选后,她就愈发不再掩饰自己对马克龙活动的关注。虽然她还没有表现出对后者的强烈支持,但她也表示,"没有什么是定死的"。两人经常见面,互相交流。马克龙从没有参加过竞选,但是罗亚尔却参加过,而且后者参加的那场竞选一点也不简单。2007 年,她经历了一切:萨科齐所代表的极具碾压态势的右派,以及联合起来对付她的社会党"大佬"——她和奥朗德的情分也就此结束。"你要知道,埃马纽埃尔,搞政治并不容易。"在 12 月初与马克龙的一次谈话中,她已经提醒过后者了,"你以为你已经做了万全的考虑,但一切从来不会按你的预期进行。总统选举会超出你的全部想象。"

罗亚尔看出了马克龙的应战计划，他精益求精的政策，以及他所追求的竞选步调。但是，他经验不足，很难预计节奏的中断，对手的反弹，甚至是对手的态度。"你一定不能给勒庞任何喘息的机会，"罗亚尔告诉马克龙，"你必须直面勒庞，以牙还牙，她每举行一场会议，你就要以另一场会议回应。"2007年，罗亚尔曾要求社会党在1月14日——也就是萨科齐在巴黎凡尔赛门前宣布参加竞选时——召集一场大规模会议。社会党的领导团队拒绝了她的要求。仓促中，她打破了原先的计划，安排了一次出行，在一座羊舍里组织了一场竞选活动。"结果，我抱着一只小羊的照片被四处疯转。"而与她相对的，则是以胜利姿态被欣喜若狂的党派成员簇拥着的萨科齐。这种对比对罗亚尔十分不利。马克龙听取了罗亚尔的意见。"她是个自由的女人。她听从自己的意愿，旁人无法强迫她做任何事情。我们没有在四处索取，但是我们对任何支持也来者不拒。""前进运动"领导人的一位亲信指出。马克龙一直亲自与罗亚尔交流。两人之间不存在任何中间人：当他们想要交谈时，他们就会给彼此打电话。这位经济部前部长此时极其注意自己的言行。"我一直十分敬重她的政治经历。我在政府工作的时候，也一直和她保持了良好的合作。"罗亚尔向来保有多重人格。"前进运动"不希望看到队伍的平衡被大批涌入的社会党支持者打乱。然而，面对社会党内的初选，很多人还是犹豫不定。如果瓦尔斯落选了，社会党右翼将面临丧失进入第一轮大选机会的风险。

"正在前进的社会党人"

2016 年 12 月 14 日,星期三

与前进党秘书长理查德·费兰德的讨论:

——社会党的领导层似乎给您写了信,威胁要开除您的党籍?

——这种事绝不会发生!

——可他们很想开除您。

——好吧,那就让他们开除我吧。我会在布列塔尼区和给我投票的 80% 支持者们讨论这件事情。在我看来,他们才是最重要的人,他们才是和我在政党活动中并肩作战的人。对其他人来说,我是正在前进的社会党人。

——您会在周六参加立法选举任命大会吗?

——不会,我不会去参加那个会议。

"一个人不可能在为巴黎圣日耳曼效力的同时，又为马赛俱乐部[①]效力"

2016年12月17日，星期六

巴黎，互助之家大厦。此时距马克龙召开的大会已经过去一周的时间，该轮到社会党人走上舞台了。今天，社会党人要正式揭晓参加党内初选的候选人名单。这不过是走个过场。在此之前，社会党已经就2017年6月国民议会选举候选人名单这一极为敏感的话题召开了一次闭门会议。通常来说，社会党的初选会肯定并为候选人的总统竞选扩大声势。然而这一次却不同，马克龙宣布参加竞选将法国的党派成员推向了未知，首当其冲的就是社会党。如果有党员选择改弦易辙，支持"前进运动"领袖，那么该如何处理这批人？这个问题令社会党的领导班子头疼不已。有些人指出，这批人应该被彻底流放。有些人则站在了更偏向调解的立场上。在各股政治力量趋于平衡之前，还很难做出决定。不过，在初选结束的五个月后，一切就会见分晓。在那之前，拖延是急需之策。

虽然在互助之家大厦内举行的这场封闭会议禁止媒体入场，但还是有几名记者成功溜了进去。挑起辩论的是造反派的魁首、议员克里斯蒂安·保罗。"如果有社会党人表示支持一位跳脱了社会党初选的总统候选人（指马克龙），那今天早上，我们还要不要给这些人6月份参加国民议会选举的机会？如果一个人既是社会党党员，又会参加议会选举，他还有没有资格加入一个可能与我们这几百位议员候选人针锋相对的党派？"社会党人不希望看到自己的未来因为马克龙而受到威胁。如果能有他的

[①] 巴黎圣日耳曼和马赛俱乐部均为法国足球俱乐部。

支持，他们也可以避免殉难的发生。但是，他们不希望表现出软弱，排斥和听之任之也不可行。初选委员会主席克里斯托弗·博格尔在反复掂量后做出的艰难选择就足以解释这一切。"那些在2月选择支持非社会党候选人的人，将不会得到社会党国民议会候选人的资格。"他解释道。显然，在社会党的初选结束后，那些支持马克龙的议会候选人将被社会党从名单上剔除。社会党第一书记康巴德利斯则将这一信息形象化地表达了出来："一个人不可能在为巴黎圣日耳曼效力的同时，又为马赛俱乐部效力。"这场会议刚结束，社会党人就公布了要参加左派初选的人员名单。一共七个人，他们是：曼努埃尔·瓦尔斯，阿诺德·蒙特布尔，文森·佩永，波努瓦·哈蒙，弗朗索瓦·德·鲁吉，西尔维亚·皮内尔和让-吕克·贝纳米亚斯。他们是时候加速推进各自的竞选活动了，而马克龙也要着手暗中阻挠。

"不再耍政治手腕"

2016 年 12 月 31 日,星期六

爱丽舍宫。奥朗德总统就像是冰雪皇后。他独自待在自己的宫殿里,既没了野心,也摆脱了社会党人。今晚是他任期中最后一次以国家元首的身份,对法国人民发表传统祝福。在他的五年任期中,他多次尝试改变这一讲话的布景装饰。有一次是以爱丽舍宫为背景,另一次则站在了没有任何装饰的办公桌后……但是今晚,他还是回归了之前的经典场景:拿破仑三世的会客室,身后是一面法国国旗和一面欧盟的旗帜,没有任何装点。"他已经完全不再耍政治手腕了。从今往后,他不再承担调节左派内部对立势力的任务。"奥朗德的宣传部部长冈泽说道。虽然如此,奥朗德还是将一个引来诸多议论的词插入了自己的讲话之中——"进步主义者"。这也是马克龙用来定义自己的那个词①。从这个词可以看出,国家元首还是心向自己的前任顾问。对马克龙和他的亲信来说,虽然他们只差一步,但他们还是不能冒险。奥朗德担任总统的过往是他们不想接手的负担。奥朗德自己也选择小心谨慎地居于幕后。在这场他缺席的总统选举中,人们期待他的表态,而他只想等到最后一刻再发言,最迟可以等到两轮投票中间再发言。"当他放弃了个人议程后,人们又愿意倾听他的声音了。"冈泽肯定地指出。而在这次祝福讲话中,奥朗德瞄准了左派的对手——勒庞和菲永。"在不到五个月的时间后,我亲爱的同胞们,你们需要做出一个选择。它对法国具有决定性意义,"他发出了警

---

① 马克龙称自己是进步主义者,即相信创新、性别平等、环境保护、数字化、公正、机会公平,以及相信欧洲。

告,"法国目前的社会体系也要面临选择,而这样的社会体系让你们如此依赖,因为它保证了所有人在生命的变幻莫测——比如健康——前,都能够享受全民平等。它还牵扯到了社会服务,尤其是发挥关键作用的共和国的教育体制。"再次,他暗讽起某些共和党候选人,"人们必须保持清醒,避免残暴地对待社会。"在谈到国民阵线时,奥朗德指出,"我们如何能够想象一个在墙底蜷缩的法国,一个重回单一国内市场和本国货币的法国,以及一个会根据出身来歧视儿童的法国!这样的法国就不再是法国了。"他如是警告。最后,他还提及了左派势力,并没有回避它的千疮百孔。他对左派候选人寄予了自己的期望,"要避免分裂,这些行为只会让他们自取灭亡"。

"这样行不通"

2017年1月3日，星期二

与一名瓦尔斯党人的通话：

——瓦尔斯的竞选活动进展得怎么样了？

——……

——喂？听得见我说话吗？

——……

——喂？

——嗨，该怎么跟您说呢……

——有那么不尽如人意吗？

——情况还是有点复杂。

——您的意思是？

——竞选活动还没什么起色，但这也正常。初选的竞选活动现在才开始。如果到了下周，我还是这么跟您说的话，那就得担心了。不过我们还有些时间。

——但您觉得还是会成功吧？

——不行。这样行不通。

"谏言大会"

2017年1月6日，星期五，纳韦尔①

马克龙是来就医保议题发表讲话的，但他也可以谈论教育、恐怖主义，还有公共金融等话题。重要的不是话题，重要的是这背后的象征意义。他此次竞选活动所选的城市是纳韦尔——社会主义的首都，也是弗朗索瓦·密特朗②和皮埃尔·贝雷戈瓦③的城市。"这一象征意义显然十分重要。"马克龙的竞选团队知道这一点。在这个城市发表演讲，面向的听众是极为关注初选的左派选民，因此抨击右派就是他最好的演讲内容，这正是马克龙攻击菲永的竞选纲领的原因。"健康属于人性的范畴，它不是数字，也不是一种开销！"他在一场公共会议上一字一句地说道，"我们不能用停止发放医疗补助，或者是减少补助人数来应对挑战。"共和党候选人菲永已经对其纲领中有关医保的一项内容进行了修改，而一些修改连他自己所属阵营看来都显得过分粗暴④。这一点当然没能逃过马克龙团队的眼睛。"我们可以看出，菲永还没有获得第一轮选举的资格，就已经开始倒退。而社会党的初选还没有开始，就成了谏言大会。""前进运动"秘书长费兰德指出，"初选完全颠倒了本该有的顺序：它让纲领在

---

①法国中部城市，涅夫勒省的省会。
②法国前总统，1981年至1995年在任。密特朗在当选总统前，曾在涅夫勒省的纳韦尔担任议员达35年之久。
③法国社会党政治家，出生于纳韦尔。1992年至1993年（弗朗索瓦·密特朗任期内）曾担任法国总理。
④在菲永提出的医保计划中，政府将不再补偿一些传统的医疗费用，而只会承担重大、长期和慢性疾病的费用，传统医疗支出将由私人保险公司或合作基金提供的补充医疗保险承担。此举也将使法国每个家庭每年多支付数千欧元的医疗费。

先，候选人在后。"

然而，社会党人大举迈进的激烈竞选还是给前经济部部长带来了挑战：他如何才能在媒体的汹涌攻势下安然渡过，适应每周不少于三场辩论的紧张节奏？在右派初选前，马克龙通过宣布成为候选人，一度将聚光灯成功地集中到了自己身上。但是现在，如何最大限度地吸引关注仍然是令马克龙团队迟疑和忙碌的主题。有些人建议，一旦集齐500个签名，就可以进行宣布，以此为竞选添砖加瓦；有些人则指出，可以公布竞选纲领……人们难以达成一致。"我们的优势是，还有很多话题可谈，"马克龙的一位亲信肯定地表示，"比如我们的纲领、方法和竞选的组织结构图。"而最后这一项应该在接下来的几天内就揭晓，因为在这一段间隙里，媒体不会理会"前进运动"——所谓的"社会党表兄"。"社会党的初选日程表非常紧凑，不管我们说什么，都会造成想要干扰初选的印象，"马克龙的亲信表示，"但我们想要的，是找到最佳的发声时机，而且不给人留下我们在制造破坏的印象。"然而，后者却正是马克龙党人的目标。

在整个1月并直到初选结束前的这一段时间里，"前进运动"的领导人都计划以一种明确的方式在各地开展竞选活动。要在外省集中进行两天胶囊式[①]的活动——他的团队表示。活动内容是有关地区性关键事务的会议以及一场有关国内问题的会议，两场会议都会按照访问的主题把控节奏；而这一切就以周五在纳韦尔的活动作为开端。

---

① 指活动连接紧密，如同胶囊式的锁合环系统。

"在2月份的初选中必须保持在前三名"

2017年1月7日，星期六

所有人都发誓不会过分重视初选，然而所有人又都在紧密关注。民调——候选人的计分板，它解释了目前各方力量相互间的关系，也是每个候选人开展竞选活动的依据。此刻，民调结果对马克龙还算有利，他处在第三名的位置，位于勒庞和菲永之后。而马克龙的这个位置也正是社会党人梦寐以求的，后者希望初选可以帮助他们超越"前进运动"领导人的领先位置。周末出炉的一份调查结果更是提升了马克龙的信心，他第一次发现自己处在有资格进入第二轮竞选的位置上。情况甚至还更好些，他正在拉远与即将出炉的社会党候选人之间的距离。面对不同的社会党候选人，他分别领先4至21个百分点。瓦尔斯会是他最危险的竞争对手。"到了一定时候，选民就会自行做出判断。"马克龙的一位亲信表示。因此，关键是要保住领先的位置。"我们在2月份的初选中必须保持在前三名。"阿诺德·勒罗伊指出，他是马克龙的发言人之一，"在此之后，前三名中一定有一个人会摔跤。跌倒的人可能是我们，更有可能是另外两人中的一个。"马克龙瞄准的目标是勒庞的选民[①]。他已经不再掩饰自己要争取这些选民的意图，尤其是转投国民阵线的那部分手工业者和小商户。"相比移民、安全或是伊斯兰这些国民阵线的传统主题，这些人更关心官僚作风。我们可以争取到这部分人。"马克龙的团队相信。而在大选的最新民调中，也正是这一策略帮助他们取得了好成绩。

[①] 支持勒庞的选民多数分布在法国工业衰落、经济凋零的北部、东北部以及难民众多的南法部分地区。

"想象一下，这次初选也许会吸引 300 万人投票"

2017 年 1 月 12 日，星期四

社会党初选的第一轮辩论

政客们的电视辩论都如出一辙。节目通知在几天前早早放出，像是不能错过的约会。这些辩论会被视为竞选活动的转折点，是绝不容错过的对决。然而，它们往往也让电视观众倍感无聊，尤其是当候选人深知其中的利害关系时，就不愿意铤而走险。社会党党内初选的第一场对决就是这般模样。每个人都会陈述并死守自己的立场。社会党右翼和极右翼的堡垒由瓦尔斯驻守，左翼的使者是佩永——他是蒙特布尔眼中"充满意志和勇气"的未来总统人选，而哈蒙则也再次获得了初选候选人的身份。至于其他候选人，他们在初选——也就是这场辩论——中的出场则不过是出于政治策略的考虑。为了打造左派内部一团和气的景象，社会党第一书记康巴德利斯将一些几乎毫无影响的政治小派别的代表纠集起来，组成了交响乐团：弗朗索瓦·德·鲁吉，西尔维亚·皮内尔以及让-吕克·贝纳米亚斯。所有人都在礼貌地辩论，没有相互冲撞和阻挠他人。观众们普遍倍感无聊，而身处竞选总部的马克龙也只是心不在焉地关注这场辩论。不过，这场初选依然是目前的关键。"想象一下，这次初选也许会吸引 300 万人投票，这样一来，我们就会肩负起团结左派所有力量的任务。"蒙特布尔指出。这就是本场初选的目标——尽可能地吸引足够多的选民，让社会党成为左派的重心。这样一来，初选的胜者就可以在民调中超越马克龙，将他置于社会党人之后。"是的，我同意辩论。"哈蒙在电视上说，但他这么说的前提是自己的排名靠前。社会党党内初选候选人还有两场辩论，只剩下九天的时间说服选民了。

"他还挺有勇气的嘛!"

2017年1月13日,星期五

  酒保瞪圆了眼睛。他的惊讶并不是装出来的,"马克龙来这里了?!他还挺有勇气的嘛!他来这儿干什么?"这里是埃南博蒙,它曾经是左派的荒芜土地,而后国民阵线又成功将这里开辟成为自己标志性的工人阶级选民城市。马克龙来这里的目的是为地铁站(Metro)公司——一家企业餐厅的食品供应商——的员工颁发劳动奖章。

  北方不欢迎社会党人已经有一段时间了,而带着社会自由主义、行政学院毕业生以及前银行家身份光环的马克龙就更不用说了。空气中弥漫着挑衅的气息,就像在上一次总统选举期间,他的几位前社会党同事在这些上法兰西大区的城镇中的投票中受辱一样。他们曾不得不退出第二轮选举,以联合起来应对勒庞,防止她取得标志性的胜利。不过,马克龙此举也是对国民阵线发起的挑战,他要对国民阵线最坚实的堡垒发起冲击。他此行还有别的目的——他在周五造访埃南博蒙关乎投票结果。

  据马克龙团队的观察,在该地区进行的上一轮民调中,手工业者和小商户投给国民阵线的票第一次超过了右派。这并不是出于对移民或是穆斯林问题等极右派的传统话题的考虑,而是与他们在经营中所承担的烦琐的行政负担以及过于沉重的税负有关。这部分选民也正是马克龙想要争取的,他访问地铁站公司正是出于这个目的。

  在这个时候,餐馆老板和商贩也停止了营业和进货。他们每天都会在店里接触到很多人,这里不仅气氛轻松,人们也会对时事进行讨论。"从前这里是左派的领地,但现在左派的追随者都走了。玛丽娜(指勒

"人们想得到的是工作,不是施舍"

2017年1月14日,星期六

明晚,社会党人就会开启他们的电视辩论。今天,马克龙赶赴里尔举办会议。里尔是左派的标志性城市,由同样具有标志性意义的社会党领导人物马汀娜·奥布里镇守。两年前,也正是她,在时任经济部部长的马克龙开始平步青云时,发出了震耳欲聋的"我受够马克龙了"[①]的声音。可以说,马克龙今天的这场集会更像是一次挑衅,尤其是当"前进运动"的领导人再一次发现人群的规模超乎了他的预想时。虽然距离泽尼斯体育场开门还有三个小时,但密密麻麻的人群已经开始挤满了入口。在奥布里把守的里尔土地上,5000多人正在翘首以盼。既然马克龙来到了奥布里的地盘,他也就很难对后者置若罔闻。因此,马克龙的讲话以向奥布里及皮埃尔·莫鲁瓦[②]——里尔地区无法回避的人物——致敬开场。公众被征服了。但随即,在他提及下列人物时,还是引起了些微不满——让-路易·波尔罗和他在瓦朗西纳的举措,以及扎维尔·伯特兰与国民阵线的斗争。这两个人都属于右派,也是马克龙想要收入麾下的两个目标。面对社会党初选能够带来的选民浪潮,马克龙必须维持平衡,这也是他正在着手努力的事情。坐在讲台下聆听的有社会党法兰西岛地区的前主席让-保罗·休松,以及希拉克的前部长让-保罗·德拉沃瓦。右派、左派,马克龙极力想聚拢法国社会这两大组成部分,即便这意味

[①] 指2015年9月,奥布里在一场媒体招待会上公开指责马克龙没有很好地履行经济部部长的职责,如推动就业等。
[②] 法国社会党政治家,曾于1981年至1984年间担任法国总理,还曾担任里尔市长。

着他还要向右派,甚至是极右派的传统领域做出一些让步。"人们想得到的是工作,不是施舍。"他解释自己的计划是为了解放劳动力市场。

  虽然一些社会党人和奥布里一样,"受够了"他,但这些人并没有像奥布里那样大声疾呼;而且他们还开始思索,如果到了总统选举时,他们并没有站在马克龙身后,将会发生什么。马克龙已经做了万全准备。他的团队告诉他,很多地区的官员已经与"前进运动"取得联系,希望"前进运动"能授予他们参加下一届议会选举的资格。"他们表示,虽然在社会党初选前,他们还不能表明立场,但是他们已经做好了初选结束后改换团队的准备。"马克龙总统竞选期间的一位亲信透露。想加入马克龙团队的还不只这些人。巴黎前市长贝特朗·德拉诺埃的名字也流传其中。"他和我们有过接触。"马克龙的下属强调。罗亚尔的名字也反复出现,她多次表示自己很关注马克龙的政治派别。然而,人们还是开始质疑起马克龙的竞选纲领。他的纲领只有一项内容吗[①]?到目前为止,他的做法是将提议嵌入自己的会议中。但这并不是一个逻辑严密的纲领。他的对手已经开始对他挑刺,准备向他发起攻击。

[①] 马克龙直到2017年3月才公布完整的竞选纲领。

"我早就答应米歇尔·德吕凯[①]了"

2017年11月15日，星期日

奥朗德甚至已经不再费心掩饰自己对社会党初选的漠然了。当七名候选人出现在电视上，在初选第二场辩论中交锋时，共和国的总统却现身巴黎的香小剧院。他的主要目的不是看戏，而是为好友米歇尔·德吕凯的最后一次演出捧场。文化部部长奥德丽·阿祖莱也陪同他来到了现场。"我早就答应米歇尔·德吕凯了，所以他的最后一场演出我一定会来。至于加百利演播厅[②]，有机会我会去看的。"看完演出后，从剧院里走出的奥朗德用寥寥数语解释了自己的选择。总统现身剧院引发了媒体的诸多笔墨，甚至连主持人自己（德吕凯）都深感讶异。"今天早晨他从马里回国时给我打来电话，告诉我他今晚会来。我当时惊讶极了。"德吕凯说。上周四，国家元首就已经在第一轮辩论还没结束前就关上了电视。这是他——如果有必要这么做的话——和社会党内总统候选人竞争者拉开距离的又一新迹象。1月22日至29日期间，要赴海外访问的奥朗德甚至不会参与初选投票。近期有关奥朗德可能会支持马克龙的谣言到底是不是空穴来风？社会党人开始担忧了。

[①] 法国著名电视主持人。
[②] 社会党初选第二轮辩论的举办地。

"和任何党派都不会有协议"

2017年1月19日，星期四

去年11月，马克龙成功搅乱了右派的初选①。现在，他又开始努力对1月的左派初选施加类似的干扰。鉴于社会党初选两次电视辩论的内容并没有实质性变化，马克龙决定加入辩论。初选第二轮辩论的当天早晨，他将媒体召集到自己的竞选总部，声称有事情宣布。"这次初选前后刚好持续三个月了。我作为参选候选人，很难在这三个月里一言不发。"他解释道。利用这次机会，他阐明了对2017年6月的议会选举的安排。他用了四个字概括：先到先得。没有商讨的必要。"前进运动""和任何党派都不会有协议"，马克龙提醒。此外，他还表示自己不会和"任何不愿投赞成票的选区"谈判。总之，那些想加入"前进运动"的人必须尽早做出选择，最好能在社会党初选第二轮投票前就下定决心。正如费兰德所总结的，"如果社会党的民选代表能在1月29日前决定加入我们，那么他的举动是在表明他的信心。如果在此之后的话，那就是一种反悔的行为了。"至于577名议会选举候选人的标准，马克龙表示，每个位置都将十分宝贵，而且他已经决定将其中的一半留给新面孔。其次，他保证会遵守"严格平等"的准则。最后，他也致力于推动"政治多样性"，让党派所代表的各种派别——从社会党人到中间派，再到可能加入的共和党人或者是生态派——都得到体现。总之，留给所有人的"前进运动"指标并不多。

---

①指马克龙通过宣布成为候选人吸引媒体注意。

到目前为止，有很大一部分社会党人仍在谨慎地观望。他们希望先等待这场越发扑朔迷离的左派初选的结果。而对改革派来说，一旦蒙特布尔或哈蒙胜出，他们就会立即转投马克龙；对左翼支持者来说，如果瓦尔斯胜出，他们则绝不会跟随他。从现在起，"前进运动"欢迎那些被马克龙吸引的人亮明身份。他们可以在网上递交入党申请，接受委员会的资格审核。为防止"造反派"事件重演，每个申请者还被要求签署一份由马克龙向法国人民递交的文件，名为《国家合同》。"这样一来，每个受到任命的议会候选人就不能反对运动纲领的核心内容。他需要承担向选民宣传纲领的职责。"他解释说。这位经济部前部长正等待着公众掀起的第一波关注热潮。这股热潮可能出现在1月29日前，也可能在22日——即初选投票结束之后。社会党人依然可以利用这一点时间更好地看清局势。

"人们早就该立马申请入党"

2017年1月20日，星期五

与马克龙一位亲信的谈话：

——你们什么时候公布纲领？

——您有点迫不及待了，这很好。这表示人们对纲领有所期待。

——说真的，没有确定的日期吗？

——我们很快就会告知您日期，但是具体时间肯定是在2月底了。

——已经有人在批评"前进运动"缺乏纲领了，说候选人含糊不清。有些人还说，你们迟迟不公布纲领是为了避免得罪任何人。

——您要知道，在我们刚起步的时候，人们都说在离大选不到一年的时间里创立政治派别是不可能的事情，但是我们做到了；然后，人们又说马克龙不可能从贝西卸任，但他也做到了；之后，人们又认为我们不可能向爱丽舍官发起挑战，但马克龙还是成了总统候选人；现在，人们又批评我们没有纲领，但我们之后一定会有的。我们还能预计到，届时人们还会觉得我们的纲领实现不了，因为我们拿不到议会的多数席位。对此我们已经习惯了，况且我们每一次都在前进。如果有人在一年前就预判到我们现在所取得的成绩，人们早就该立马申请入党了。

"选民将在注定的失利和可能的胜利间做出选择"

2017年1月22日，星期日

左派的震惊难以言表。社会党总统选举候选人位置的最终竞争者将是哈蒙和瓦尔斯。在社会党及其联盟初选的第一轮结束后，选民最终以36.21%的选票将左派前领导人哈蒙送入了最终对决，而奥朗德的总理瓦尔斯则得到了31.19%的选票。于是，左翼造反派阵营和政府阵营将决一胜负。自奥朗德五年任期伊始，这两方就总是为该追寻哪一条政治路线而针锋相对。两位最终对决的选手将迎来跌宕起伏的对抗。瓦尔斯在周日晚上就摆出一副"要么选我，要么陷入混乱"的姿态。

在支持者面前，瓦尔斯预言，第二轮初选中"选民将在注定的失利和可能的胜利间做出选择，在无法实现的承诺和能够承担责任的左派之间做出选择"。瓦尔斯被打击到了。尽管他坚称，"没有什么是铁板钉钉"的事情，但日后需要支持哈蒙的可能性依然让他厌恶。他与哈蒙的理念完全不一致，而他也断送了哈蒙的总理府之路。现在，胜利的大门似乎还是对瓦尔斯关上了。蒙特布尔支持哈蒙。前者在初选中又一次获得了第三名的位置，得到了17.62%的选票，和他在2011年初选时的成绩几乎一样。这样一来，他就将数字上的胜利带给了他的造反派同僚[①]。

眼下，哈蒙披上了初选胜利者的华服。他站在支持者面前，表情严肃，好像突然因为自己即将扮演的角色——社会党总统选举的候选人、奥朗德的继任者——的庄重性而感到晕眩。这还不是社会党大家族里最

---

①指第二轮投票时，蒙特布尔会号召他的支持者全力支持哈蒙，这样一来，哈蒙的选票就会超过瓦尔斯。

大的翻转。他认为,"左派选民是我的信心之源。他们给我投票是出于对我的信任,而不是出于放弃","他们决定要同时关注社会问题和环保问题——两者都是我们未来新计划的主题,他们没有非此即彼"。

在马克龙的总部,人们没有放过与结果相关的任何细节。挺进下个周日社会党党内最终投票的哈蒙的获胜将会使中左派选民的全部空间得以释放。目前总统选举的情势不错。

"挪用公款，滥用公司财产及隐瞒罪行"

2017 年 1 月 25 日，星期三

黎巴嫩，贝鲁特。国际形象对候选人来说尤为重要，尤其是当候选人还没有树立起国际形象，并正想方设法成为共和国总统时。国际形象是马克龙的一大缺陷。在他的履历中，他只能列出两年的经济部部长经历。这可以增加他在欧洲范围内的人脉，但却不足以证明他能够成为全球最重要的领导人之一。虽然这一点不会成为他的严重阻碍，但选民对此还是相当在意。因此，马克龙要竭力弥补这方面的不足。他的第一站就是黎巴嫩。他安排了两天时间访问那里，和当地的主要领导人会面。这是一次重要的出行，因为黎巴嫩是所有重大国际冲突的十字路口。首先就是难民问题——大批叙利亚人因为内战而逃离家园；其次是中东问题，即与达伊沙①的战争；此外还有对俄关系问题。马克龙的这次出访为他加了分。黎巴嫩总理萨阿德·哈里里首先公开表达了对这位来访者的深刻印象。他指出，"马克龙代表了年轻人，他处理政治的方式对黎巴嫩来说极为重要。"两人还交换了联系方式。然而支持叙利亚政体的黎巴嫩总统米歇尔·奥恩的态度就有些复杂了。马克龙对他重申："巴沙尔·阿萨德失败了。"不过大体上来说，黎巴嫩人对这位搅动法国政治版图的年轻人颇为好奇。"虽然我们还在对他能带来些什么拭目以待，但我们尊重他。"黎巴嫩政府表示。在这些会议之后，马克龙还参观了一家难民中

---

① 即"伊斯兰国"。最早是阿拉伯国家和法国对"伊斯兰国"的称呼。2014 年，美国政府正式宣布今后不再用"伊斯兰国"称呼中东恐怖组织—伊拉克和沙姆伊斯兰国，而改称为"达伊沙"。2015 年 11 月巴黎恐袭事件以来，欧洲国家也开始采用"达伊沙"指代"伊斯兰国"。

心。黎巴嫩一共接纳了150万名难民。"我们有一项人道主义义务,那就是远离野蛮行径。"他说。不过他并未明确法国是否会接纳更多的难民,也没有给出接纳难民的具体数量。最终,访问圆满结束,这已经是一种成功了。但是在法国,这次访问进行得悄无声息。同一天,《鸭鸣报》抛出总统选举期间的一枚重磅炸弹。这一讽刺日报揭露,菲永的妻子在1998年至2007年间被聘为其丈夫及其继任议员马克·茹劳德的助手,同时领取薪酬。在这一期间,她总共获得了50万欧元的税前收入。此外,在2012年5月至2013年12月期间,她还受聘于文学杂志《两个世界评论》,每月领取5000欧元的税前收入。然而,这一工作的真实性受到质疑,而且这份杂志是由菲永的朋友马克·拉德雷·德·拉夏利耶经营的。随后,已经对"吃空饷"事件起疑的国家财政监察院立即以"挪用公款,滥用公司财产及隐瞒罪行"为由,启动了初步调查程序。总统选举的大局起了变化。马克龙的国际形象计划要被暂时搁置一边了。

"从今天起,哈蒙将成为我们政治家族的候选人"

2017年1月29日,星期日

当哈蒙和瓦尔斯从索尔菲雷诺的台阶上走下时,两人间的氛围有些尴尬。他们快速握了一下手。社会党第一书记康巴德利斯举起了胜利者的手臂——是哈蒙。他和他的盟友以58.5%的选票获得了社会党初选的胜利。自此,他成了社会党2017年总统大选的候选人,是密特朗、利昂内尔·若斯潘、罗亚尔以及奥朗德的继任者。笑容僵硬的前社会党左翼领导人将手放到了心脏的位置,这是他的竞选团队的暗号,与他的宣传口号遥相呼应:"让法国的心脏迸发"。瓦尔斯也走向了正在等待他的一小簇人群。几分钟前,瓦尔斯就已经对自己的支持者表示,"从今天起,哈蒙将成为我们政治家族的候选人,将由他来承担这一团结各派的光荣使命"。对改革派社会党人来说,这不是一个容易接受的事实。刚刚成为候选人的哈蒙就已经开始向左转舵了。"从下周一开始,我建议所有初选候选人,以及所有心属左派和环保政治的人——尤其是梅朗雄和雅尼克·亚多——将注意力全部集中在与法国人民利益有关的事情上。"他说。如此一来,人们就不可以再关注马克龙,或者表现出任何想要向他敞开大门的意图。然而,瓦尔斯的党徒都在观察哈蒙。在奥朗德的五年任期中,他们一直在抵抗造反派的攻击,支持政府的政策。他们不愿意加入哈蒙的队伍。星期天晚上,瓦尔斯用自己的方式安慰了这些人。"当时机到来时,历史会让我们的行动回到过去,"这位前总理说道,"我可以告诉大家,不管我们的阵营要面临多么严重的分裂,不管这个背叛有多么令人感到刺痛,我们都应该为我们所完成的工作感到自豪。"反对哈蒙的人并不在少数,他们不愿意向造反派卑躬屈膝。他们强烈希望看到哈蒙及其盟友为在奥朗德五年任期期间对政府的攻击付出代价。有些人已经准备转投马克龙了,另一些人则开始考虑退出总统竞选活动。对马克龙来说,哈蒙的胜利带来了理想的选情。这正是他所期待看到的,这一情势能够帮助他争取中左派的政治空间。

"所有来自索尔菲雷诺的苦难"

2017年1月30日,星期一

与马克龙一位亲信的谈话:

——怎么样,社会党人开始大规模投奔"前进运动"了吗?

——我们已经将情况解释得很清楚了。他们得想好了再加入。

——瓦尔斯党人绝对不可能支持哈蒙的竞选活动。

——也许吧,但如果他们想加入我们的竞选活动,就要遵守规则。我们不会对所有来自索尔菲雷诺的苦难都敞开大门。

——尤其是这么做会让你们陷入变成社会党分支的危险。

——这一点我倒不确定。右派那边已经有一批人在等着加入我们了。

——比如说?

——比如安娜-玛丽·伊德拉克,她不久之后应该会加入我们。她也是希拉克的前部长。

——还有别的人吗?

——还在商讨之中。

"菲永有权让法官听到他的陈词"

2017 年 2 月 1 日，星期三，法国国内广播电台，巴黎

"佩内洛普门"持续发酵。因为《鸭鸣报》的揭露而处境极为尴尬的候选人菲永已经开始目睹到自己政治团队的第一道裂纹。与此同时，他的阵营中也有人发出了质疑，认为他也许无法将竞选活动进行到底。空饷门事件即将拖累菲永的整个竞选活动。如果菲永退出，阵营的整个纲领都需要重新制定。马克龙这边，最初当得知朱佩在右派初选中失利时，大家都松了一口气。然而现在，朱佩很可能卷土重来的消息[①]让人们又咬紧了牙关。和"前进运动"领导人一样，朱佩的目标是中右部分的温和主义选民。他不会是一个理想的对手。在等待右派情势变化的同时，马克龙必须就这一给选举带来冲击的事件发表观点。他的目标是尽可能地与这一事件保持距离，并且争取到最为平衡的位置。在这件事情中，他是获益最多的候选人。根据一个古老的经典原则——即"谁会从罪行中获利"——他和他的手下也自然被怀疑是揭露空饷门事件的始作俑者。

"首先，我不会加入对猎物的围剿，"马克龙在周三早晨接受法国国内广播电台采访时说道，"我不会成为压垮他人的稻草。我认为每个人都有权为自己辩护。菲永应该被允许在法国人面前解释这件事，这事关民主，事关透明性，也关乎伦理道德议题的辩论。在司法机关的管辖范围内，他有权让法官听到他的陈词。"这就是他的原则立场，不偏不倚。同时他也借此洗清了他受到的怀疑。此外，马克龙还指出，在这一事件

[①] 由于菲永爆出的丑闻，此前在右派初选中败给菲永的朱佩有意重新出山，但前提是菲永必须退选。

中,"人们关注的不应当是阴谋和中伤,而应当对民主辩论的透明性进行思索。我有时也会遭受攻击,并被要求做出解释。如果人们不去正视这些问题,我们就会加剧公众对我们的怀疑"。他也把握住机会抨击了菲永——后者常常在自己的讲话中将马克龙视为攻击对象。"我赞成透明处理,但我不赞成拆台和挑衅,"马克龙补充道,"这也是为什么在前几天你们没有听到我对菲永落井下石。不过,我也发现他并没有像我这样遵守礼节。但这并不意味着我会对他屈服。""前进运动"的领导人知道,如果菲永成功维持了自己作为右派竞选人的身份,情况只会对他有利。在民调中,马克龙已经超越了菲永。自此,他成了总统大选最受青睐的候选人。

"如果这么做有用的话……"

2017 年 2 月 3 日，星期五

与马克龙一位亲信的谈话：

——马克龙在周六晚上的里昂会议上准备发表哪些讲话内容？

——他会谈到他自己，谈到法国还有他的纲领。

——他会有新的提议吗？

——其实倒不如说他会重新提及他的经历，解释他为什么要成为总统候选人。

——这会是他的一个很重要的讲话吧，类似奥朗德 2012 年在布尔日发表的有关"我的敌人是金融业"的讲话，或是萨科齐 2007 年在凡尔赛门的"我，是个混血的小法国人"。

——他不太喜欢公式化的东西，比如所谓的"妙语警句"。

——但是他还是想要为竞选进行包装吧？

——如果这么做有用的话……那可以说是吧。

"我们只剩下 78 天的时间来取得胜利"

2017 年 2 月 4 日,星期六

马克龙听取了罗亚尔的建议。他将自己定于星期六的第二场全国大会的举办地点设在了里昂,而勒庞也会在那里为竞选举办一场全国性会议。罗亚尔曾提醒马克龙要寸步不离地紧跟勒庞,她去哪里,他也去哪里,不给后者任何喘息的机会。而马克龙的这次会议就是以此为目的,它旨在再一次展现他的实力,夯实他在竞选中的稳固地位,防止极右翼候选人取胜。同一个周末,"不屈法国"的领导人梅朗雄也将在里昂召集会议。会议的形式颇为新颖,他的讲话会被同步传输至奥贝维埃①的大屏幕上,以全息影像的形式呈现。马克龙、勒庞、梅朗雄,这是三个宣称要"反体制"的候选人之间的竞赛。于是,2 月的这个周末,比赛的第一节在高卢人的首都②打响了。

身着新 T 恤的马克龙团队志愿者们站在体育场的入口处,T 恤的背面仍然印着相同的标志——"前进运动"的标志,但是衣服的正面却有了不同,那里出现了一个植绒压花:"马克龙,总统"。实际上,这个想法早就已经出现了,只不过之前还没有这么明显,马克龙团队现在要将它根植于人们的大脑中。马克龙正是身着这件最受青睐的总统候选人服装出现在支持者面前的。根据最新的民调,马克龙目前的排名已经能够将他送入第二轮投票了,他会在 2017 年 5 月与勒庞对战,击败对手,然后当选总统。"眼下,他的确处在能够进入第二轮选举的位置上。"他的

---

①巴黎北郊城市。
②指里昂。里昂曾是法国高卢时期的首都。

亲信在谈及最后的结果时谦虚地说,尽管他并没有提及爱丽舍宫。因为胜利的前景无疑会给"前进运动"领导人增添新的色彩。身处里昂的他必须发表一番伟大的演讲,让他在人们眼中从候选人变为总统的潜在人选。他需要化身为国家代表,发表这次讲话,既要表现出亲切,又要辞藻华丽;既要满载希望,也要指出困难所在。8000名支持者聚集在场馆内听他的演说,场外还站了一些想要聆听会议的人,他们正通过装在那里的大屏幕观看。

"我们正处于历史上最为特殊的时刻,我们的命运踯躅不前,那些似乎确定无疑的事情不再得到保证。"马克龙这样开始了演讲。他站在里昂体育场的中心,就像站在竞技场的中心。他的演讲台被升高,让人想起了拳击比赛的对站台。虽然他的身体一直贴靠讲台,但是从政治思想上来说,他却在四处驰骋。他属于右派吗?"如果我们不去限制资本主义的过度汲取,就无法再继续歌颂它。"他说。他属于左派吗?"全民收入又叫作积极互助收入津贴。我们应该将它翻一番,我早就认为该这么做了。"他对哈蒙发起反击。

自始至终,马克龙都尝试在他的演讲中兼顾左右两派的思想。他既不完全偏左,也不完全偏右。"我不是指左派和右派从此将不复存在。但是在历史的重要时刻中,这两者的横沟有大到不可逾越吗?"马克龙问道。然后,他直截了当地指出,"难道一个人非得属于左派,才可以被密特朗在生前最后几周所做的有关欧洲的讲话感动?难道一个人非得属于右派,才可以为希拉克在冬季自行车运动馆的演讲骄傲吗?不!你只需要是个法国人!"这就是马克龙寻求的政治立场:超越政党。此外,他还解释了他的竞选活动的主线,它将围绕共和国的三大价值观进行:自由,平等,博爱。针对每一个价值观,他都详细阐释了他的做法。超越党派,但也不阻止各党派彼此结盟。

他逐一与激进派、中立派以及戴高乐主义者对话,尝试说服他们支持他的奋斗目标。他还提到了一些众所周知的伟大政治人物，如西蒙娜·韦伊[①]，以及菲永的导师菲力普·泽塞冈[②]。不过，在他提及共和党候选人（即菲永）的失利时，他也呼吁支持者不要喝倒彩。最终，他开始向国民阵线与勒庞的王朝发起攻击，称他们"代表的不是人民，他们只代表自己，从老勒庞开始，到他的女儿玛丽娜，再到玛丽娜的侄女，他们都是如此"。由此，马克龙牟定了自己在竞选中的主要对手：玛丽娜·勒庞。"我们只剩下78天的时间来取得胜利。"面对振臂高呼"马克龙，总统"和"我们会赢"的他的支持者们，他以此作为总结。此刻也是他呈现纲领的最佳时机。然而目前，这一纲领依然引发了诸多疑问。

[①]法国犹太人，神秘主义者、宗教思想家和社会活动家，深刻地影响着战后的欧洲思潮。
[②]法国政治家，1993年至1997年曾任国民议会主席。

"你们听到了一些传言，说我在搞两国同盟，说我有另一个隐藏的人生"

2017年2月6日，星期一

这是一场竞选活动支持者参加的例行会议。本周一的晚上，900名"前进党"人聚集在巴黎的波比诺剧院。聚会的主要目的是振奋队伍，为团队成员提供说明，并解答他们的疑问。费兰德连同四个运动代表一起出席了现场。在会议进行了半小时后，马克龙出现了。场内掀起了惊讶的欢呼声，因为他事先并没有计划这次出场。不过，马克龙的团队却将此次会议视为一次较为私人的会议，目的是传递一个特别的讯息。

当然，这一天需要反击的内容包括来自菲永的攻击，后者在同一天的演讲中将马克龙比作"没有纲领的精神领袖"。"在某些人眼里，我们是邪教组织，"马克龙半开玩笑地说，"我可以向大家保证，我们的纲领不是一场自焚。它是以国家利益为初衷的纲领，它面向的是6000多万法国人民！"那纲领的内容到底是什么呢？"在下周结束前，我们会发布带有数字指标的宏观经济政策。我保证会有一套治理办法和施政方针。让我们都满怀信心，做好领导和治理国家的准备。"他说。然而，纲领并不是他此次讲话的唯一重点。一段时间以来，马克龙已经习惯于人们有关他缺乏纲领的指责了。这一点已经不再是他主要担心的事情。让他更为忧虑的，是关于他私生活的流言蜚语。

几天前，朱利安·阿桑奇在网上传播的一些信息，让马克龙团队中负责监督候选人相关消息的媒体团队警惕了起来。这位维基解密的创始人向俄罗斯的《消息报》（Izvestia）爆料称获得了希拉里·克林顿的邮件，其中包含有损马克龙形象的职业和私人生活信息。令马克龙团队尤为警觉的是，这些信息被两家俄罗斯网站——俄罗斯卫星网（Sputnik）和今日俄罗斯（Russia Today）用法文发布到了网上。马克龙的团队不再怀疑了。马克龙在法国经历的事同克林顿在美国所经历的如出一辙：俄罗斯试图通过发布"虚假信息"，干预法国的总统选举。马克龙的一名亲信发出警告："这种干预的规模如此之大，以至于可能破坏选举的平衡。"因此，前进党人无疑都会将目光转向较亲普京政权的候选人：勒庞和菲永。前进党当然无法公开责问这两个人，尽管他们心生怀疑，因为他们注意到，右派议员尼古拉·杜伊科接受了俄罗斯卫星网的采访，并在采访中指责马克龙受一名神秘"同性恋说客"的影响。于是，在波比诺剧院，马克龙为阻止流言做出了正面回应。事实上，这个谣言自两年前就在巴黎流传了：他是同性恋，和法国电台（Radio France）的老板马修·歌朗是恋人。面对越发充满恶意的竞选气氛，马克龙决定以幽默的方式在支持者面前展开反击，"你们听到了一些传言，说我在搞两国同盟，说我有另一个隐藏的人生。这让布丽吉特感到很苦恼，让她纳闷我是怎么做到的。从早到晚，她都全程参与了我的生活。而且我绝对没有向她支付什么报酬！我不可能有另一个分身。如果你们在城里吃晚饭时，听到有人说我和马修·歌朗过着另一种生活，那一定是我的全息投影，不可能是我本人！"会场里的人笑了。马克龙的扫雷行动成功了。

"我对此深信不疑"

2017年2月9日，星期四

一位工人拿起了话筒。他想问哈蒙一个问题，但是他的舌头打了结："您好，马克龙先生……"他张口便说，大厅里的人哄堂大笑，连社会党候选人本人也笑了。这真是个"好"开始，为一天的基调定了调。这是自2月5日周日哈蒙正式成为社会党总统候选人后他的第一次竞选活动。他会在克勒兹省的拉苏德兰市、盖雷市和奥布松市访问工人、社会工作者、医护人员以及文化工作者。此次见面会的目的是寻回社会党流失的选民：那些在2012年曾经将票投给奥朗德，现在却在面对过于自由化的《马克龙法案》或《库姆里法案》时哑口无言，因而离开社会党的选民。

哈蒙面对的工人正属于这群人。他们中的大部分人是法国总工会的工会会员，在标致汽车公司下属的GMS汽车配件加工厂工作。他们十分担心新买家的出现，也对社会计划的前景颇为忧虑。这是他们向哈蒙说明的情况。候选人回答了提问，他谴责了"秃鹫基金"[①]，批评了"职业清算公司"，对"公司高层高得令人难以置信的薪金"发表了不满，并攻击了"流氓老板"。这些词往往足以赢得这一类听众的支持，然而这一次却没有奏效。会场内的人们表情犹疑。"光是嘴上说说又有什么用。"一位工人向哈蒙指出。"很遗憾，我也只能说说而已。"哈蒙回答。"因为方向盘不在我手里。"他又补充道。

[①] 指那些购买陷入困境的公司债券，等公司无法偿付的时候，就开始索取巨额赔偿，然后进行恶意诉讼，谋求高额利润的基金。

他所说的方向盘，指的正是爱丽舍宫，他正在开展的竞选活动的目标。然而，他似乎仍然沉浸在社会党初选的胜利中。在一整天的时间里，他一直只关注自己的领域，从未将自己的格局提升到总统竞选的关键层面上来。在盖雷的医院里，他又一次重复了自己对一些社会"毒瘤"的抨击。"我们都清楚，应该把有些毒产品从尿不湿的清单里剔除出去。"他提醒道。

在奥布松的剧院内，他耐心聆听了剧场演职人员的讲话，他们向他解释了普及文化以及"艺术实践"的必要性。不过哈蒙无法参与到这样的讨论中去。在他访问的农业合作社里，他主张"要让每一个法国人都能吃上物美价廉的食品"。在由一家网咖举办的圆桌会议上，他维护了自己竞选的标志性举措，也就是全民收入。有一点不同的是，他指出，"这一收入在最开始的时候不会普及至所有人"，只有18岁至25岁的公民会被包括在内，而他们仅仅代表了竞选中颇小的一部分目标选民。如此看来，哈蒙并没有成功地为自己树立国家元首的形象。

此外，当参观完马厩的他来到旁边为他准备的冷餐会时，他不再回答提问了。他看向了周围，一位农夫举起了酒杯，他向后者保证，"下一次，等有人到爱丽舍宫做客的时候，我们就不会用塑料杯了。"他说。"因为我有些迷信，"在他笃定地表示"5月我会当选共和国总统"前，他解释道，"我对此深信不疑。当我在去年8月宣布要参加竞选时，没有人相信我能够在党内胜出。但是我没有记错：我赢得了初选，而且领先第二名不少票数。"也许他确实做到了这一点，但他还没有达到征服爱丽舍宫的高度。而且眼下，他的竞选活动不温不火。在他去的每一个地方，他都受到了礼貌的欢迎，但人们却没有报以热情。一些人和他拍照，一些人同他握手问好，但到了最后，他在一路上得到的鼓励却极少。简而言之，他只是一个在开展常规竞选活动的普通候选人，这就是他现在的形象。

自从哈蒙被任命为候选人，他就一直拒绝总统是天选之人这一想法。他坚持这一点。他的一位亲信恼火地说："我们要停止每隔五年就对法国人说，我们要选出一个能解决所有问题的人。"然而，法国最终还是要选出这样一个人。而且如果哈蒙想要成为这个人的话，他就必须加快速度。目前，他停滞不前，正陷入为和生态党人——尤其是梅朗雄——达成协议而进行的无休止商谈中。后者故意和他打起了太极，希望可以最终收割那批对哈蒙失望的社会党选民。虽然马克龙没有公开表达自己想成为天选之人的愿望，但如果说在这场竞选中，有哪一位候选人必定会成为天选之人，那么这样的角色非他莫属。

"殖民是法国历史的一部分，它是反人类的罪行"

2017年2月13日，星期一

马克龙国际形象建立的第二站是阿尔及利亚。他在那里进行了为期两天的访问。近300名当地支持者在阿尔及尔的索菲特酒店前等待他召开公开会议。这些人中包括那些马克龙力争吸引的阿尔及利亚裔法国人。"法国与阿尔及利亚的关系十分重要，因为在法国生活着很多阿尔及利亚人，而且两国面临着共同的未来挑战。"马克龙指出。"法国应当协助阿尔及利亚，促进后者的经济多样性，完善其精英教育，并为阿尔及利亚的安全建设提供帮助。"他还表示，"阿尔及利亚面临的挑战就是法国的挑战。"本次出访也是他重申去年11月接受《观点》杂志采访时提出的观点的契机。"法国殖民带来了苦难，但也带来了国家的复兴、财富的积累和中产阶级的崛起。这其中既有文明，也有野蛮的成分。"他肯定地说。他的话令阿尔及利亚人震惊。于是，当他随后接受一家当地电视台采访时，他试图澄清自己的言论。他指出，人们在断章取义，他所说的不仅仅是阿尔及利亚。"殖民是法国历史的一部分，它是反人类的罪行，是真正的野蛮行径，是我们必须直面的过去，而且我们必须为遭受我们所作所为的人道歉。"

"埃马纽埃尔·马克龙是个没有主心骨的人"

2017年2月15日，星期三

在竞选活动中，有些话题十分敏感，因而候选人在谈论这些话题时需要格外谨慎。殖民问题就是其中之一，尤其是当它牵扯到阿尔及利亚时。马克龙在阿尔及尔发表的"反人类罪行"言论话音刚落，来自竞选对手的攻击就立马在法国爆发。在一场于贡比涅①举办的会议上，菲永首先对"前进运动"的领导人发起炮轰。菲永指责马克龙"不配做总统选举的候选人"。"就在刚刚，马克龙先生竟摆出了殖民主义的优点，这意味他是个没有主心骨的人，他讲的话不过是为了满足听众的胃口。"菲永支持者们说道。会议室里坐满了人。虽然菲永的妻子正在接受空饷职位的调查，但这位候选人的群众基础还在。不过，在会议的入口处，抗议的浪潮也在等着这位共和党候选人。50多个人——他们大多数来自左翼党派和法国共产党——正聚集在那里。他们向菲永的支持者喊道，"菲永进监狱"，以及"我们也想不劳而获"。菲永的竞选之路开始变得错综复杂。在右派的幕布后，人们已经开始流传替代计划，而且态度越来越坚决。菲永努力在坚持。他将视线定格在3月20日，那一天法国最高行政法院将会公布参加共和国总统选举的正式人员名单。过了这个日期，他就不会被踢走了。所以，眼下他还没有放弃，并且要对马克龙发起攻击。后者在阿尔及利亚的言论就是一个不容错过的好机会。而在国民阵线这一边，反击也同样恶毒。"马克龙不满足于让法国溶解在世界主义者的

---

① 法国的城市，位于法国上法兰西大区瓦兹河畔，距离首都巴黎东北80公里。

大浴缸里,所以他已经开始在国外中伤法国了,他还想不想领导这个国家?"勒庞的竞选指挥大卫·拉什利纳抨击道。而极右翼的财务主管瓦勒兰·德·圣朱斯特则谴责马克龙"往法国背后捅了一刀"。这不是一次小规模的争议,它甚至可能翻转竞选的整体走向。

"这样的结果侮辱了法国"

2017 年 2 月 16 日，星期四，《新观察家报》上的文章

希拉克经常说："麻烦事就像空军中队，会四处乱飞。"马克龙就深陷其中。在他有关殖民问题的讲话引爆舆论后，他又一次被推上了风口浪尖。而这一次则是因为他在《新观察家报》上重新提及了奥朗德执政第一年通过的同性恋婚姻法案。"奥朗德五年任期的一大根本错误就是忽视了那些被痛苦和悲伤包围的人[①]。这就是同性婚姻法案通过给所有人带来的结果，这样的结果侮辱了法国。"马克龙遗憾地表示，"我们绝不应该去侮辱他人，我们需要交流，需要分享他人的不同意见。"马克龙的这一表态又将招致来自左派的狂风暴雨，尤其是法国同性婚姻法案之母陶比拉，她是社会党的标志性人物。"我尽力去为自己辩护和解释，并保护他人，但在很长一段时间里，我还是听到人们骂我'丑八怪'，让我'滚蛋'。他们叫我'丑女'，叫我'母猴子'，对我说'去你的吧''长尾猴……''香蕉给你，你这个丑女人''滚回到你的树上去吧……'到底谁才是被羞辱的对象？是那些忍受了言语和肢体攻击的同性恋者们。是那些被我们当作过家家游戏里的玩偶的孩子们。谁才是被羞辱的对象？当只有一种形式的婚姻被定义为有效时，当我们宣布这个社会只有一种合法组建家庭的模式时！那种只有一个妈妈，一个爸爸，一个小女孩和一个小男孩的家庭！有多少家庭因为要符合这种模式而蒙受屈辱！？"陶比拉在法国电视二台上洋洋洒洒的长篇讲话戳中了人们的痛处，也加强了一段时间以来马克龙团队给人们的印象——始终摇摆不定。

[①]此处指不同意同性恋婚姻法的人。2013 年 2 月法案通过前，法国曾有数十万人上街进行反对示威游行，马克龙意在拉拢因菲永空饷门而放弃支持后者、同时又反对同性恋法案的右派。

"我理解你们"

2017年2月18日，星期六

会议现场气氛越发紧张。一般来说，马克龙的会议都会秩序井然、气氛平和。然而这一次，土伦的泽尼斯体育馆前却发生了一起骚乱。200多人集结在那里，谴责"前进运动"候选人有关殖民地的言论。在阿尔及利亚生活的法国人、老兵①、北非本地军人、法兰西党支持者以及国民阵线的民选代表试图阻挠会议的进行。他们先是发出嘘声，并大喊："马克龙，叛国贼！"然后，抗议者突然冲向保护会场入口的警察，后者随即向人群投掷催泪弹。人们很难进入场馆内，以至于马克龙的会场都没有坐满。场内乱糟糟的氛围与之前激情四射的会议场景也形成了鲜明对比。马克龙在会议开始一个多小时后才来到现场。他看上去怒火中烧。在致以"歉意"前，他说："我不会收回我的言论，我也不会道歉或是忏悔。""我对让你们受到伤害、冒犯到你们、让你们难受感到抱歉。我要对那些狂热分子说声对不起，很抱歉我的所作所为让你们不愉快，但这并不是我的本意。"他咬紧牙关，利用这个机会反击国民阵线。而在国民阵线南法的地盘上，面对场外示威者的抗议，他的反击过于强烈。"你们的这些憎恶、不满、害怕和沮丧已经被这片土地上专门买卖仇恨的商贩——他们就在门外——收集起来了，还有那些这么多年来一直在操控你们的人。这些人让你们相信法国的一部分人应当与另一部分人对抗，你们需要看清敌人，并且要与他们为敌。"他吼道。随后，他引用戴高乐

---

①指北非前法国殖民军在当地雇佣的士兵。

将军的话来结束争议:"今天,我要对你们每一个人说,我了解你们所处的环境、你们的过去、你们的创伤,因为我想成为总统。我理解你们,我爱你们。""我理解你们",这是戴高乐1958年在阿尔及尔战[①]后所说的话。然而,从那时起,人们就认为它的意义模糊不清,因为每个阵营都倾向于相信赢得胜利的是自己。而这句话从马克龙口中说出也显得他很笨拙。一种狂热的迹象开始笼罩他和他的团队。

[①] 1954年开始的阿尔及利亚独立战争,是阿尔及利亚历史的一次重大转折。阿尔及利亚最终得到统一,独立自由的价值观和反殖民主义的思想铸造了阿尔及利亚的民族自决。

"竞选活动中肯定会出现气阱[①]"

2017年2月20日，星期一

排名不佳，民调不理想。这是个铁律。得到的惩罚就是《法国快报》发表的调查结果：马克龙的支持率下降了5个百分点，丢掉了能够进入第二轮选举的资格，菲永将因此获益。虽然"前进运动"的领导人并没有过分放大这一民调的结果，但他还是严肃对待了这次警告。无论如何，在"前进运动"政治委员会的框架内，每周在竞选活动总部的会议足以有效解决过去两周发生的颠簸。"竞选活动中肯定会出现气阱。但我们还是要提起注意，防止自己成为气阱的始作俑者。"一位与会者在会前说。有关殖民问题的舆论带来了很不好的影响。团队的另一位成员指出："马克龙的那次发言让我有些诧异，因为一般来说，他在讲话前都会经过一番推敲，但是那一次却没有准备好。总统竞选期间非得触及如此敏感的话题吗？现在谈论这个话题是个谨慎的选择吗？不一定。不过既然话已经说出口了……"

无论如何，马克龙还是看到了损失：阿尔及利亚的法国人以及老兵们纷纷站起来反对他，法国人对他的言论褒贬不一，对手们针对这一模糊言论的谴责愈演愈烈。至于同性婚姻，他的言论甚至让他最亲近的副手们都倍感尴尬。"我不太明白他的发言是什么意思。"他的一位亲信表示。不过这也促使马克龙承认自己的过失——他保证，"（他）会永远守卫同性恋、双性恋及变性者（LGBT）社群"。这与他在2014年9月针对

[①] 空中出现的强烈恶气流带，会使飞机颠簸。

"嘎德屠宰场文盲"的言论所做出的道歉如出一辙。不同的是，那时的他才刚刚起步，仍然拥有政治圈某种宽怀的庇护。然而现在，在总统竞选中，没有什么事情是可以糊弄过去的，任何一个错误的步伐都意味着要付出高昂的代价。这也是令马克龙团队心急如焚的原因，他们需要扭转目前排名落后的局面。

"弗朗索瓦·贝鲁① 在想些什么，只有他自己才知道"
2017年2月20日，星期一

与民主运动党一位干部的谈话：

——贝鲁在周三召开记者会是出于什么目的呢？他要宣布成为候选人吗？

——这我不清楚。弗朗索瓦·贝鲁在想些什么，只有他自己才知道。

——不过在你看来，他到底会不会参加竞选？

——这一次很奇怪。每次他想要成为候选人，他都会选择在自己的家乡，也就是贝阿恩，宣布这个消息。你还记得2007年那一次吗？他甚至把比利牛斯山当作了背景。而现在，他是在民主运动党的巴黎总部召开的记者招待会。那里的布景更像是要发表政治声明，像是要进行某种结盟。

——所以说，他是要加入马克龙？

——说实话，我不知道。在右翼发生了这些事情以后，他应该是想这么做的。但对他来说，情况很复杂。我们能确定的一件事就是他不可能再跟随菲永了，而且他也想影响总统竞选。情况就是这样。

---

① 法国政治家，现任法国民主运动党主席，2007年法国总统选举候选人之一。

"退出就是退出"

2017年2月21日，星期二

马克龙进行了第三次树立国际形象的努力。这一次，他做了很好的保密工作。只要行程还没最终确定下来，他就暂不公布访问对象——这是为了不去冒最后一刻取消访问的风险。在马克龙竞选的低潮时期，这是一次极佳的机会，能够帮助他重新夺回掌控权。"他将会见英国高级官员，最多一至两位。"马克龙的亲信在他动身之前表示。会见的地点定在伦敦。而当马克龙走出"欧洲之星"火车时，他的团队才揭晓了当天的重磅消息：马克龙将在伦敦的唐宁街10号与英国首相特蕾莎·梅见面。在英国脱欧公投后，审核英国退欧的程序被搬上议程。在法国总统选举的所有候选人中，马克龙的立场最为亲欧。访问结束后，他表示他已经提醒特蕾莎·梅"遵循英国公投的意愿，在符合法律和议会要求的时间范围内严格执行程序"。英国脱欧也属于一场政治辩论。由于它对英国经济的可能影响，英国的公投应当给那些质疑欧盟，尤其是那些受以勒庞为首的反欧盟候选人影响的法国人提供前车之鉴。英吉利海峡对面的欧洲大陆人已经尝到了第一波影响。茶叶的价格上涨，一些产品在超市再也买不到了。"鉴于此，我重申了我捍卫法国和欧洲利益的决心。也就是说，我们不能让英国脱欧优化英国与欧洲其他国家的关系。退出就是退出，"马克龙在结束访问后斩钉截铁地指出，"在一国没有预算贡献的情况下，它无法享有进入统一市场的权利。"第二天，马克龙又拜访了英国财政大臣菲利普·哈蒙德。这一次的行程是成功的。他没有引发舆论。他的访问属于"最高级别的会见"。马克龙的国际形象也因此变得更加闪耀起来。

"埃马纽埃尔会直接负责"

2017年2月22日，星期三

与马克龙一位亲信的谈话：

——贝鲁的加入是不是增加了团队的实力？

——是有帮助，可以这么说。他的加入表明我们的行动方向正确。我们现在来到了竞选的转折点上。

——你们之前就在期待他吗？

——完全没有。对于这种结盟，埃马纽埃尔会直接负责。我们一般都是在最后一刻，也就是他在记者招待会上宣布要结盟时，才得知消息。

——那有关要加入的人，你们进展得怎么样？目前还有传言说国防部部长让-伊夫·勒德里安，多米尼克·德维尔潘①，还有经济、财政与就业部部长让-路易·波尔罗也会加入你们。

——这也是由埃马纽埃尔直接负责的。

——贝鲁现在会在竞选活动中担任哪些职务呢？

——这是埃马纽埃尔和贝鲁之间的决定。我觉得贝鲁不是那种任人指挥的人。而且他加入我们也不是为了商讨什么协议，或者像某些人那样乞求选区给我们投票。

——但你们还是会安排他出现在前线。

——当然！不过也不只这一点。我们还有很多要利用的机会，尤其是马克龙这次赴伦敦与英国首相特蕾莎·梅的会面。上一次总统候选人

---

① 法国政治家，前法国总理。

访问英国首相还是萨科齐在2007年与托尼·布莱尔的见面。而且虽然贝鲁的加入多少占据了新闻的头条,但弗朗索瓦·德·鲁吉也会加入我们。他可是社会党初选的一位候选人,不是什么没有分量的人物!

"我的角色很简单,就是尽全力提供帮助"

2017 年 2 月 23 日,星期四,巴黎东京宫博物馆

马克龙和贝鲁几乎是手拉手走进了巴黎东京宫博物馆的餐厅。两个由黑色胶布做成的巨大叉号在地上标记出两人的位置,他们将在此面对来自媒体的无数镁光灯,"前进运动"的领导人和民主运动党的魁首在此庆祝他们的政治结盟。马克龙和贝鲁成了总统选举的新搭档。他们中的一人是第一次参加竞选,而另一个人则已经参加了三次,但都没有取得成功。这一次,贝鲁无疑想要最后一搏,但他还是放弃了。不过显然,他还是怀念总统选举的一切。不管怎么说,他很健谈,甚至比马克龙说的还要多。

"我的角色很简单,就是尽全力提供帮助。我们现在拥有一位候选人。他很自然地就可以将那些想共同为这份希望奋斗的人聚集起来,无论他们有什么差异,身份有什么不同,又有什么样的过去。"贝鲁说。但是他的架势让他付出了一定的代价。在宣布要与马克龙结盟时,他甚至将自己的举动形容为"无私"。根据拉鲁斯词典的定义,这个词指的是"为了他人,而牺牲对自己来说极为重要的东西"。对贝鲁来说,由于国家笼罩在国民阵线的威胁下,所以关键是要"给失去希望的国家带来希望"。这也是贝鲁所谓的"牺牲"。"我认为我们需要摆出一种非同寻常的姿态,唤起法国人民的关注。"他说。对马克龙来说,贝鲁的加入有很大意义。这是自殖民问题引发舆论的轩然大波以来出现的第一个利好消息。"前进运动"内部透进了几缕空气。贝鲁毕竟还是朱佩的前盟友。虽然马克龙未能说服波尔多市长(指朱佩)加入团队,但贝鲁的到来也能够吸

引朱佩的选民，即那些不愿意支持菲永的人。这些中右派选民也正是马克龙眼下努力吸引但仍旧对他有所抵抗的对象。

"这是一场道德上和政治上的全面失败"

2017年2月24日，星期五

一小群法国总工会成员在等待马克龙。他们已经在洛特省苏伊拉克市的会议中心前吹了一个小时的冷风，不过气氛还算友好。"前进运动"的领导人将在那里举办一场大会。这是他与贝鲁结盟后的第一次会议，因而它也没有逃过抗议者的眼睛。"贝鲁是右派的人。"一位示威者在马克龙从车里走出时喊道。像以往一样，马克龙朝工会成员走去，尝试与他们交谈。双方的交流友好礼貌，虽然有些缺乏条理，但没有咄咄逼人。此外，马克龙还邀请示威者来观看他的演讲。

近700人在会场里等着他。他向他们发表自己的惯常演讲，主题涉及"召集进步主义者""大党派无法应对挑战"以及他的总统竞选在法兰西第五共和国历史上所代表的"独特征程"的核心内容。他没有过多谈及竞选活动的近期动态，比如两位"弗朗索瓦"——弗朗索瓦·贝鲁和弗朗索瓦·德·鲁吉——的加入。马克龙表示新结盟还没有结束。他提到了来自"温和派右翼"的让-保罗·德拉沃瓦以及雷诺·杜特雷。"还将有其他人加入我们。"他没有透露更多的细节。不过有些人的名字还是出现在了人们的传言中，比如让-路易·波尔罗和多米尼克·德维尔潘。但是眼下，接受公众欢呼的是贝鲁和德·鲁吉，虽然掌声并不热烈。只有当马克龙开始攻击极右翼时，公众的情绪才变得更加高昂。

"所有人都清楚，国民阵线会进入第二轮，"他指出，"这是一场道德上和政治上的全面失败。"他成功地发起了攻击，正如对其他候选人——菲永和哈蒙——的批评一样。首先，他对"2007年7月宣布法国破产，并让法国在随后的五年中新增600万亿欧元债务"进行了抨击。其次，他谴责了"奇迹金融"的相关计划，认为"其主要内容不过是接受失业问题无法解决的现状"。他要重新恢复一切，将其定为他的选举中轴线。然后，他又重申了自己在同一个早晨于法国全天候电视台和《回声报》上公布的"经济政策"。有人问，这属于偏右的计划，还是偏左的计划？"你们早晨起床时，会去问罗卡马杜市里的道路翻修是偏左还是偏右的计划吗？"他开玩笑地问。他不久前才参观过这座城市，并借此机会去拜见了那里的黑色圣母像——据说她能够满足人们的心愿，而他的心愿就是拿下总统选举。但这并非是他唯一的心愿。他还需要在议会选举中取得多数席位，好执行自己的纲领。因此，马克龙要求支持者们能够以开放的态度对待所有加入运动的人，以保证未来"我们有能力治理我们的国家"。虽然"前进运动"的领导人要到3月2日才公布自己的纲领，但是他已经进入下一个阶段了：要在国民议会中获得多数席位。

"他们的所作所为表明,他们已经不再能够继续担任国家的守护者"
2017年2月25日,星期六

　　等待的人群在布里夫拉盖亚尔德的文化书店前排起了长龙。马克龙正在那里签售他的自传《革命》。一位学生请求马克龙为她在哈蒙的宣传册上签名,这是她和朋友打的一个赌。马克龙笑了,然后照做了。他的支持者们接连不断地拥到他面前,他也收下了他们鼓励的话语。他的竞选活动照常进行,仿佛什么也没有发生。不过大环境还是起了变化。在过去的一周里,有关殖民和同性恋婚姻问题的发言让他深陷舆论。他注意到自己在民调中停滞不前。他身边的人甚至也意识到了竞选正遭遇气流。不过七天之后,选情似乎又柳暗花明。在前来参加自传签售会的人群里,谁也没有再提起那两次争议。欢迎活动也很热情友好。人们再一次拥入了他的会场,没有起任何冲突,比如今天下午在里摩日旁的圣司铎托里永市举办的会议——会议室已经被越聚越多的支持者围得水泄不通。

　　马克龙没有向支持者赘述过多的信息。他只是重申了两位新盟友对他的结盟策略的合理性给予的肯定。不过针对他的竞选对手——尤其是菲永和勒庞——他还是有较多着墨。这两人的选情都变得严峻起来。前者已经接到了检察院有关虚假职位的司法调查传讯,后者则拒绝回应对其不当挪用欧盟资金的司法指控。"我知道有些人正忙着他们自己的事,不管他们忙的是什么,"马克龙说,"但我本人无法习惯这样的政治氛围……2017年的大选不应当变成一场有关谁该接受法官调查的辩论。"他想讨论的是自己的纲领,提醒人们他在教育、健康以及就业方面的提议。他也谈到了农村问题,虽然没有提及新的措施。他会在后天,也就是周二赴马延省时，在当地举办的农业展上公布自己的农业计划。

有时，会场里会响起提问的声音。他没有阻止，一次，两次……会议开始变得像是进入提问和回答环节。这样的安排并不是事先计划的，也让会议的流畅性受到了影响。他的讲话还通过网络为法国50多个城市的前进党支持者进行直播，而人们却无法听到观众席的提问。他承诺会尽快组织新的会议，让所有人畅所欲言。在他的讲话结束时，他又回到了最初的话题，即对菲永和勒庞这两位竞争对手的抨击。马克龙对这两人进行了猛烈的批评，称"他们的所作所为表明，他们已经不再能够继续担任国家的守护者"。

"希拉克派正在发生很大变动"

2017年2月26日，星期日

与马克龙一位亲信的谈话：

——你们的运动现在接纳了很多左派的人。

——您这么说，是因为觉得贝鲁也属于左派？

——2012年那会儿，他确实号召选民把票投给奥朗德，而不是萨科齐。

——右派也开始动荡了。

——怎么说？

——希拉克派正在发生很大变动。菲永在初选中的胜利让他们很难接受。

——有谁会加入"前进运动"呢？

——据说有一个人会来，弗雷德里克·萨拉特-巴鲁，他是爱丽舍宫的原副秘书长。

——他还是希拉克的女婿。

——是的，如果他加入我们的话，肯定会带来一些人。

——和克劳德·希拉克一起？

——据说是这样。

"我不会屈服，不会让步，也不会退出"

2017年3月1日，星期三

眼下是整个总统竞选中最为关键的时刻。候选人要在这一天出席在巴黎凡尔赛门举办的农业展会。希拉克是所有这类活动的佼佼者，他把自己的每一次农业展访问都变成了新闻。但是创纪录者是奥朗德：2012年，他在这一活动中共计待了十二个小时之久。那时，他正在组织竞选活动，去展会的目的是吸引农民选民。

今年，所有候选人当然都预先确定了要参加展会。尽管访问会带来些许风险，但错过这样的活动绝对是一个重大的政治失误。候选人可能会被人吹口哨，遭遇大声喧哗或是推推搡搡，人群甚至还会蹦出一两句不太中听的话。萨科齐正是在2008年的农业展会上脱口而出了一句臭名昭著的话。当时，他对一位不愿和他握手的路人说："快滚！你这个可怜的白痴。"今年，各位候选人都定好了来访的时间。菲永会在早上8点现身。然而，当所有媒体都翘首等待着这位共和党候选人现身时，菲永却发出了新闻通稿，告知自己将推迟访问，并将于中午在自己的竞选总部召开记者发布会。人们惊呆了，他们互相询问，思索这背后的原因。深陷家人虚假职务门的菲永难道会放弃参加竞选？如果他放弃了，又会有谁来顶替他呢？事态越发紧迫，因为所有受菲永邀请参加电台或电视访问、为其竞选活动摇旗呐喊的亲信们都没有被通知此次访问的推迟。"我希望这一推迟不是出于安全原因。"前总理（指曾担任萨科齐政府总理的菲永）的特别顾问杰罗姆·夏尔提埃在法国国内广播电台上表示。"不过我也不排除一切可能性。"他又补充道。

马克龙团队的人也在好奇。马克龙也会在今天参观农业展，时间定在早晨10点。他的亲信都试图在访问前获得有关菲永决定的更多信息，但没能成功。"前进运动"领导人到达凡尔赛门的时间也比预期晚了一个多小时。媒体抛来了无数问题，而马克龙则拒绝评论其右翼竞争对手的行为，并像是什么也没有发生那样开始参观展会。一路上，有些人爆发出"马克龙，总统"的呼喊——人数并不多，也不算太热情。有时，"前进运动"的领导人甚至会在途中听到有人进出反感的话："哦，天啊，怎么是他！""他就没有别的事可干了吗？""这一次他终于不再只是出现在电视上了……"一两个看热闹的人甚至还会抛来不大不小的侮辱。他还被一枚鸡蛋砸中了脑袋。"这就是民俗。"他尽量不放大影响，继续进行参观。

中午12点半时，候选人走进了一个展棚中。马克龙的团队向他传达了菲永此时正在发表的声明。"我不会屈服，不会让步，也不会退出。我会坚持到底，如约参加选举。"菲永表示。随后，菲永还谴责了这场"政治谋杀"。虽然他的谴责并没有什么新意，但这场自导自演的心理剧[①]还是反映出他的竞选活动已经出现裂缝。共和党的候选人受到了来自自己阵营的质疑，他的实力也被削弱了。马克龙可以有所行动了——菲永的媒体招待会刚结束，他就离开了刚才封闭的展台，走向记者。右派的候选人"选择说大话，这是精神失常的表现，是脱离现实的表现"，他肯定地说，并驳斥了任何想在总统选举中进行中场休息的想法。"如果玛丽娜·勒庞或是弗朗索瓦·菲永在今天要求暂停司法诉讼，我可以认为他们是在辩护，认为自己不过是轻微触碰了法律，但白领工作者或是政治人物犯这样的罪不应该被视为轻罪。"

菲永的团队紧密关注了候选人这一整天的活动。在菲永发表声明后，

[①] 根据精神病人生活中的实际问题编写，由本人参加演出，使精神得到发泄而起治疗作用的戏剧。

布鲁诺·勒梅尔宣布退出菲永的团队。随后,民主和独立人士联盟的中间派也停止了对共和党候选人的支持,他们将成为马克龙团队在接下来的几天或几周中接收的新一批盟友。不过,"前进运动"候选人身边的人对此还是保持了谨慎的态度。"年轻的共和国守卫者被授命阻碍马克龙,"马克龙的一位助手说,"我们并不打算向所有人都敞开大门。每个人都有自己的道路,我们会观察这些道路会将他们带往哪里。"

"如果由我来负责一个连续的项目,我不会承担所有风险"

2017年3月2日,星期四

加布里尔会馆一般是巴黎券商公会指数中的大公司进行财务业绩发布的场所,这里有布置考究的会议室、优雅的接待人员以及自助咖啡和甜点……并且离爱丽舍宫只有几步之遥。而马克龙也选择在这里揭晓他的竞选纲领。300多名记者获得了入场通行证,其中还包括大批外国记者或特约记者。在欧洲乃至世界各地,人们都开始密切关注起这场史无前例的总统选举,它的结果将影响欧洲的未来。

在两个月的托词和搪塞后,揭开帷幕的时刻终于到来,或者更确切地说,这是通过模糊化处理各派思想来进行澄清的时刻。因为,如果说"前进运动"坚持的是"既非左亦非右",那么竞选纲领自然会从两边取经,此外还要包含中间派、一些生态派,甚至是共产主义者的理念。马克龙知道这一点,人们对这一刻已经期待良久。在演讲的介绍部分,他讽刺了"可能会出现的想知道(我们的)纲领到底会偏左还是偏右的问题"。而让他最为恼火的,是有些对手将他与奥朗德联系在一起的企图。"我并不是来定义奥朗德主义的,因为就连这一主义的创始人本人(指奥朗德)都拒绝为此定义。"他指出。接着,他肯定地表示:"如果由我来负责一个连续的项目,我不会承担所有风险,也不会为所有麻烦买单。"不过,当人们更为仔细地审视他的纲领,听取他自豪地展示自己对左右两派提议的充分利用时,还是不难发现这是一项现代化的整合艺术。

和哈蒙一样,马克龙提议要打击来自内部的干扰;和菲永一样,他也想解决劳动力成本问题;和梅朗雄一样,他提出要打击"对外来工权益的侵犯"。除此之外，他也从萨科齐那里有所借鉴，支持恢复推行对加班时间延期征税的政策，并从更广泛的层面上，呼吁采取右派的做法，增设15000个监狱位置。此外，马克龙也没有忘记自己的新盟友贝鲁，要将"弘扬公德的伟大法案"的计划纳入他的纲领中。他还宣布要在议会选举中实行比例分配。这就如同将议会变成马克龙党的旅店，巧妙且精细地混合了所有那些在竞选期间出现在政治舞台上的人物。

他的纲领让他的对手听得有些晕头转向。每个人都试图将"前进运动"领导人归入对手的阵营。对康巴德利斯来说，马克龙提议要制定"紧缩政策，这是奥朗德政府一直反对的"。相反，在共和党这边，埃里克·韦尔特则认为马克龙正是奥朗德的继任者。这位菲永的政治顾问表示，"（马克龙）既没有对奥朗德的政绩做任何评价，也没有盘点他会接管的政治局势。说到底，我要再一次提醒大家，他不过是在自我陶醉。马克龙先生正是奥朗德先生在这场竞选中的代言人。"极右翼的弗洛里昂·菲利波也持相同的论断。在他看来，马克龙的纲领"和奥朗德如出一辙"。极左翼也这么认为，阿莱克西斯·科尔比埃尔表示"前进运动"的领导人将会继承"当前的五年任期执政者"的衣钵。对将马克龙归为右派的左派来说，马克龙的界限模糊，而右派则又将他视为左派。候选人的目的达到了，他要的就是无法被归类。

"有些人很难挽留"

2017年3月8日，星期三

收获的时间到了。在法国国内广播电台上，贝特朗·德拉诺埃①宣布加入马克龙的团队。"我能感觉到法国正在陷入危机。也许两个月后，极右翼的意识形态就会主宰法国，"发出警告前他解释道，"极右翼候选人比我们想象的要更强大。"巴黎市前市长的加入给"前进运动"带来了第一股颇具分量的社会党力量。在幕后，面对失利，很多人都开始怀疑哈蒙和他的竞选活动。与本党的官方候选人相比，社会党改革派与马克龙的思想更为贴近。他们为本党候选人与生态派达成协议感到痛惜。因此，在3月初，另一个名字也在众多名字中越发脱颖而出：那就是让-伊夫·勒德里安，广受欢迎的国防部部长。他是马克龙组建政府的一个理想人选，因为他会为他带来此刻缺乏的权力身份。

勒德里安已经向工业界的联系人表示会支持自己原先的政府同事。他同样是奥朗德亲信圈里的一员，也迫切想要尝试冒险。"他发出了信号，那就是奥朗德党人必须前进。"一位民选代表私下表示。总统奥朗德的亲信们不再抱有幻想了。"如果说有些人很难挽留的话，那指的就是让-伊夫。"一位部长指出。在"前进运动"的团队里，候选人的一位亲信表示已经与勒德里安取得了联系。"两人的随从在相互交流，"他说，"不过，我们还需要静下心来等待一段时间才能最终敲定……最后能否成功尚未可知。"人们能够感受到一种不安，那就是这一有分量的结盟可能

---

①法国社会党人，2001年至2014年曾任巴黎市长。

最后会无法达成。大家都知道"他的支持十分重要"。爱丽舍宫方面，奥朗德努力平息着潜在的马克龙热潮。他给出了一个暗号：在3月18日，也就是宪法委员会公布正式候选人名单之前，不在公众面前做任何表态。距此还有十天时间。

"在此,我要向一位伟大的法国政治家兼受人尊敬的市长致敬"

2017年3月11日,星期六

波尔多,展览中心。马克龙刚刚在职业奥林匹克竞赛待了三个小时的时间。竞赛的参赛者包括机械师、园艺师和箍桶匠,甚至还有高级轿车车身制造工。和其他几次参观一样,马克龙穿梭在各个展台之间,出入于人群之中。这种状态此后会一直伴随他的选举活动。他在这里和一些人握手,又在别处和另外一些人拍照,每每将"您好!您好吗?"挂在嘴边,向遇到的人问好。他那独特的语气让每个人都感觉如同遇上了前一晚刚离开的老友。法国雇主协会(Medef)的主席皮耶尔·贾塔兹也有这样的感觉。他费了几番功夫来到候选人的身边。两人友好地打招呼,但也没有表现得过分热情。"我和工会机构以及经理们都有过交流,这是总统竞选团队的专业运作方式。我们必须进行交流,向人们介绍纲领。我们既要接受相同的见地,也要听取不同的看法,过犹不及。"年轻的候选人事后解释道。雇主协会是左派选民浓墨重彩的一部分。"前进运动"近期的结盟让政党向左派倾斜,将指针拨向更左的地方无益于帮他们重新找回平衡。在前一天塔朗斯的会议上,马克龙开始向右派发出清晰的信号。他以向朱佩致以崇高敬意开始了自己的演讲。"在初选失利后,他的选民又一次群龙无首。"波尔多市长(指朱佩)的前团队顾问奥罗拉·贝尔日说。这个人之后也加入了马克龙的团队。马克龙塔朗斯讲话的主要目标就是这群人。在暗示朱佩放弃竞选前,"前进运动"的领导人说道:"在此,我要向一位伟大的法国政治家兼受人尊敬的市长致敬。""他很清楚,在今天,我们的国家需要革新,需要高度的廉洁。我对此深表赞同。"虽然马克龙在波尔多市民面前取得了成功,但是他并没能赢得朱佩。在塔朗斯这场会议结束后的第二天,朱佩还是在推特上发表声明,表示将支持菲永。波尔多的市长依旧选择对自己的政治家族忠诚到底。马克龙的这一冲击本来可以更加完美,尤其是在贝鲁以及德拉诺埃加入后,右派对他进行持续攻击、将他视为奥朗德的继承人——这一对手总想加在他身上的包袱——的情况下。这样的评论让他不得不自此以与社会党总统决裂的姿态面对他的支持者。"我会履行我的承诺:以严密的纲领为中心。这一纲领是属于进步主义者的革新纲领,因为我们一路走来的目的不是为了看到同样的面孔……我们要进行交替,因为我们的纲领不是对政府当前举措的延续。"他指出。

三小时后,在波尔多至巴黎的高速铁路上:
——您经常提及圣女贞德、拿破仑还有戴高乐将军。您是想在选举中扮演"救世主"的角色吗?
——历史曾经有过很多飞速发展的时刻。在我看来,我们现在所处的时代正是这样的时刻。在过去的五年中,恐怖主义滋生,经济和科技版图急剧变幻,民主也在迅速变革。在一切都飞速前进的时代,我所走的这条道路是有可能取得成功的。
——但这还是会给您带来巨大的压力。
——既然我参加了这场竞赛和活动,这就表示我已经考虑过了,并且希望投身其中。同时,我拒绝向传统的政治规则让步,因此我创立了"前进运动"。我们在今天取得的成绩验证了我们最初的承诺,展示了我们的强健发展。每一天,我都在思索这一切所代表的分量。
——您也在这一过程中向圣女贞德、拿破仑或是戴高乐看齐,您和他们的距离……
——他们是法国历史的一部分。历史是由英雄、伟大的时刻以及深厚的变革造就的。伟大的人物，无论男女，他们都能够催化或加速推进那些比他们自身更具深远意义的事物。我不认为那些天降大任的男男女女是孑然独立的，他们从来都是促进更为深远的变革或历史转型的工具。但是，他们需要在特定时刻即将揭晓的时候，出现在那里。

——您是否认为自己是可以改变现在的法国的那个人？

——我想成为那样的人。我想推动法国进入一个与以往不再相同的新时代。我要帮助法国找到未来的方向，终结人们认为法国正走向衰败的感觉。

"我们很快就会重新找到平衡"
"我们必须重新拟定通知"

2017 年 3 月 13 日,星期一

与让-保罗·德拉沃瓦的对话:

——马克龙开始迎来大批左派的盟友,是吗?

——我们很快就会重新找到平衡。我们必须根据当前的进展和政治局势,重新拟定通知。

——决定加入的右派多吗?

——右派中已经有很多希拉克党和朱佩党的民选代表加入了马克龙团队。但人们还没有察觉,因为这些人并不太知名。

——但是您作为希拉克党人,应该知道谁已经准备好加入马克龙的团队了吧?弗雷德里克-萨拉特-巴鲁的名字已经多次在"前进运动"总部被提及……

——还有很多其他人。

"我也看到了总理想要前进的真实意愿"

2017年3月16日，星期四

马克龙进行了第四次树立国际形象的努力。这一次是在柏林。他要在总理府与安吉拉·默克尔见面。"这绝不等同于接受骑士封号，"候选人在结束了一个小时十五分钟的会面后为自己辩护，"在法国的总统竞选活动中，唯一能够授予候选人封号的只有法国人民。这一封号会在第一轮和第二轮选举中被授予。这样的封号才是我所寻求的。它是合法性和权力的唯一来源。"然而，这一席话并不妨碍马克龙以几乎与正在执政的国家元首无异的姿态走出德国总理府。他谈论着未来关乎法德两国的重大事项，仿佛总统选举的两轮投票不过是一个流程而已。"我们会在接下来的几个月中推进英国脱欧事宜。此外，我们还要应对共同的挑战。最近几周的土耳其问题就是一大主题。在移民、安全和国防等议题上，我也看到了总理想要前进的真实意愿。"

然而马克龙还没有到达那个位置，没有资格享受与国家元首相匹配的尊重。他没有接受礼炮军乐的欢迎仪式，不会与默克尔共同举行记者招待会，也不会从总理府的大门出入。记录下会议的仅仅是在开始前拍的一张照片。这是一张标志性的快照，而马克龙也经常因为缺乏外交经历而遭受对手的攻击。

虽然法国总统竞选最受欢迎的候选人与欧洲权力最大的女性间的握手不能被当作后者明显的支持，但却表明了德国对这位年轻候选人的兴趣。默克尔也表示，相对于勒庞，自己对这位年轻人更抱有期待。默克尔"重申了自己会尽其所能，防止极右翼胜利的意愿"，候选人在结束访问后说。

这一会见也与1月份菲永与德国总理的会面形成了对比。"我知道她想的是什么,我知道她心里倾向哪一边。"右派的候选人在当时信誓旦旦地表示。他的笃定激起了一位德国记者的讥讽,后者"恭喜"他竟能成功破译德国领导人的所思所想。马克龙也针对菲永的话发起了抨击。"只有德国总理本人才有资格表明她自己的想法和倾向。妄自揣测的说话方式肯定会有很大风险,我不会踏足这样的游戏。"他愤怒地表示。

与此同时,马克龙还与哲学家尤尔根·哈贝马斯以及德国外交部部长西格玛尔·加布里尔进行了一场有关欧洲未来的讨论。曾拜访过贝西的加布里尔与马克龙是旧相识。2015年6月,两人曾经在《费加罗报》的专栏上共同发声,呼吁巩固欧盟;而时至今日,讨论的主题仍然与此相关。"如果他能够当选,德国将是他的行动的强大杠杆。""前进运动"领导人的一位亲信表示。

"我会全力承担三军统帅的职责"

2017年3月18日，星期六

这是一次真正的"竞选政变"。他的意外声明意在激起媒体的轰动。马克龙一直对此高度保密。发布会是在工艺美术酒店举行的，他将在长篇演讲中提及自己的国防政策。对于这一难以驾驭的主题，人们一直予以期待。候选人想要证明，虽然自己还很年轻，缺乏经验，但他可以成为三军统帅。"我会全力承担三军统帅的职责。只有衡量好这一最高责任的分量前，一个人才有资格成为法国人民的总统候选人。"在谈及国际形势前，马克龙说。随后，他谈及了"新冲突时代""军事化的恐怖主义以及发生在我国领土上的战争行为""对欧洲计划的质疑""俄罗斯彰显军事实力""以叙利亚和利比亚混乱局面为代表的中东问题及其失败解决"和"美国政治的不可预测性"。他指出："我们正进入国际关系的新时代，战争又一次成为政治的潜在可能……我完全清楚这一事实。"在讲话始末，他时不时向勒德里安致敬，正是国防部部长帮他打造了国防方面的纲领。两人只在一点上有分歧，而马克龙决定出其不意。他宣布要重新恢复义务兵役制，这令公众震惊。"我所描述的战略局势，以及我国面临的威胁要求我们加强武装力量与国家间的联系，让所有年轻人拥有军队生活的经历，有助于他们成为国防精神的成熟参与者。"候选人解释道。马克龙这一声明的目的是将自己置于讨论的中心。

"我们惊讶得下巴都落了地"

2017 年 3 月 20 日，星期一

与一位"前进运动"成员的谈话：

——您之前听说过有关义务兵役制的提议吗？

——完全没有。当我们听到他宣布的声明时，简直惊讶得下巴都落了地。

——这个提议没有在政党内部受阻吗？

——比这还要糟！这个想法甚至被驳回了，它完全不可行，连勒德里安都予以反对。

——那到底发生了什么事情，让马克龙还是宣布了这个提议呢？

——肯定是他自己或者是同几个亲信所做的决定，就像"前进运动"极为复杂的运行一样。一切都分得很开。

"不要分裂法国"

2017 年 3 月 20 日，星期一

参加总统选举的候选人一般通过远程会议或媒体转播来进行大选第一轮投票前的辩论。周一晚上，民调排名前五的候选人会首次出现在法国电视一台上。他们要阐释自己的纲领、抨击对手、讨论和争辩，最重要的是说服观众。起初，五位候选人都只在自己的"领地"范围内活动。

菲永将自己说成是"引领国家复兴的总统"。他深信自己"可能会是唯一一个"在议会获得稳定多数席位的人。马克龙介绍了自己，并回顾了过往。"我曾经身为部长，"他指出，"我看到了是什么在阻碍国家前进，比如过时的规则，还有早该被淘汰的运转方式。"他为"国家振兴计划"政策疾呼。梅朗雄则将自己视为"第五共和国的最后一任总统"。他想要彻底变革。但在此之前，他还会处理一个更为紧迫的议题：气候变化的挑战。哈蒙意欲成为"一个诚实且公正的总统"。他决心推翻"一成不变的旧承诺，迎来更吸引人的新承诺"。和其他候选人一样，勒庞也瞄准了共和国总统的位置。"但说实话，"她指出，这是因为她"不想成为默克尔的副总理，也不想成为任何大国集团的代理人"。

所有候选人还是有些许紧张，说话时也十分拘谨。对每个人来说，他们在今晚都面临着巨大的压力和挑战。所有人似乎都害怕在辩论中犯下无法弥补的失误，以至于当众人在进行有关教育的第一轮发言时都没有被别人打断。不过，候选人之间还是交换了目光。梅朗雄就向马克龙丢去了一个阴沉的眼神，而后者则回敬了一个讥讽的微笑。当其他人还在互相试探时，勒庞首先释放了敌意。她提出要取消"母语学习"。"如果我们允许所有儿童回到他们自己的文化和语言中,我们就等于颠倒了学校被赋予的使命。"国民阵线的主席说。这个提议让哈蒙——这位短命的教育部前部长——活跃了起来。"我们不应该在这个令人厌恶的母语学习辩论中绑架学校。"他反驳道。而前总理利昂内尔·若斯潘政府的职业教育部部长梅朗雄则表示学校教育不够平等。为了纠正这个问题,这位极左翼政党"不屈法国"的领导人指出,教育"必须完全免费,包括食堂和课本"。几位候选人的声音升高了八度。勒庞是最常被攻击的人,哈蒙尤其不放过她。极右翼的候选人指出法国"安全局势已经到了爆炸点"。"我不管您私下是个瘾君子,或是其他什么,但您现在是总统选举的候选人。"社会党候选人对勒庞说。

到目前为止,菲永还没有"冲到前线"。在节目播出五十分钟后,他终于发起了自己的第一次质疑。候选人们正在讨论移民问题。"埃马纽埃尔·马克龙在出访柏林时,对德国总理的移民政策表示欣赏,我对此极不赞同。"前总理发起攻击,并为自己有关每年可进入法国的外国人的定额提议辩护。"前进运动"的领导人并未予以理睬。哈蒙表示:"法国不应当无节制地接收难民。"然而这一次又是梅朗雄和勒庞陷入了胶着的激辩。"你们可以规定配额,但总会有人穿越边境。你们要怎么办,把他们扔进海里吗?射杀他们吗?"梅朗雄问道。勒庞斩钉截铁地说:"我要阻止移民,不管是合法还是非法移民。"她提议建立"一个有威慑力的移民政策",停止"国家医疗援助,或是住房救济"。梅朗雄打断了她:"您以为人们在逃离家园前,会讨论这些东西吗?""当然会。"勒庞回答。马克龙尝试在直播中脱颖而出。在移民问题上,他说:"我们必须加强边境管理,面对现实。非法移民是最大的问题。我们需要建立切实的边境遣返政策。该政策是在与欧盟各国协商后制定的有效政策。"而候选人们最终因为开始谈及"布基尼泳装①"而爆发了。

辩论现在转向了世俗化价值观问题。马克龙指出世俗化是"保护和允许信仰自由"的"防御盾"。梅朗雄称赞了"宗教与国家政权的分离"。哈蒙为1905年的法案②振臂高呼:"它不是另一种教条,而是人们共同社会生活的前提条件。"总而言之,候选人观点一致,除了勒庞。她谴责了"对权利的无止境追求而带来的压力"。在她看来,这触犯了公共场所和企业的利益。她想要将政教分离烙入劳动法。"没人愿意看到残酷的现实。"她抨击。随后,她又指责马克龙对布基尼的支持。马克龙怒不可遏地回应:"布基尼属于社会秩序,而不是什么理论问题。不要分裂法国!"梅朗雄接着向勒庞发话:"您不能连人们的衣着都去规定。"菲永对这一封闭的竞赛感到厌烦。他要求发言。他指出,对他来说,"根本问题"关乎法国"伊斯兰宗教的融入",它所反映的伊斯兰原教旨主义会威胁"世俗化和人民的共同社会生活"。这一次,候选人们步步推进辩论,而当他们谈及失业问题时,语气变得更加针锋相对。

菲永想要开放有关各类企业的工作时长问题的讨论,要求去除法律中有关每周35小时工作制的条款。"如果说法国经济的基本问题就是这个问题,我敢说当你还是总理时,就应该删除这个条律。"马克龙讽刺菲永。"我已经让这个条款弱化了不少。"菲永为自己辩护。然而这无济于事,梅朗雄认为菲永和马克龙间的辩论不过是"企业的独白","只有贾塔兹先生才有资格谈论这个问题"。他遗憾地提及法国企业运动的负责人。菲永回击道:"梅朗雄先生和马克龙先生已经达成一致了,虽然我们也不知道他俩到底在什么问题上站在了统一战线上,反正没有数字支撑。"勒庞接着发言,她讽刺地总结道:"这是极端自由主义者间的辩

---

① 为穆斯林女性设计的全身包裹式泳装,在法国被禁。
② 1905年法案规定法国为世俗国家,国家与教会分离,各宗教一律平等,国家不介入宗教和精神生活领域,公共服务和公共教育完全世俗化。

论。"梅朗雄奋起反击:"还有比我更极端自由主义的人。"

在辩论过程中,各方的分歧逐渐显现,裂痕不仅出现在右派、中间派和左派中,也有反欧派和亲欧派的冲突。总的来说,这是一场深入的辩论,涉及了各类话题。不过有时它的内容过于密集以至于会让人心生些许困惑。

"我到这里来不是让自己在法国市长面前被喝倒彩的"

2017 年 3 月 22 日，星期三

马克龙通常不会发火。他的一些合作者有时倒是会在公众面前发表斩钉截铁和不容辩驳的言论。不过今天，马克龙发怒了。在广播电视台大厦演播厅里举办的年会上，法国市长协会邀请了所有总统候选人参加此次活动，介绍他们有关地方政府的政策。马克龙的政策激怒了很多人，尤其是当他提出要免除 80% 家庭的住房税时。对在座的市长们来说，这无异于财政损失。虽然马克龙承诺这一免税政策会得到"同等数额"的补偿，然而很多市长对此表示怀疑，并表现出了对政策的担心。因此，当他出现并在演讲台后站定时，市长们对他的态度不冷不热，仅仅抱以礼貌的掌声。他在一片沉重的寂静中开始了讲话，"我知道我接下来要说的这个政策会引发诸多讨论，那就是免除 80% 家庭的住房税。"抗议、嘘声和愤怒向马克龙砸来。"我到这里来，是带着一颗尊重你们的心的，我也希望能够得到同等对待。我们可以有分歧，但我不是那种会在竞争对手的会议上喝倒彩的政治决策者。"大厅里响起了一些掌声。"我到这里来不是让自己在法国市长面前被喝倒彩的。我是为了向你们解释实施某些政策的原因和执行方式。如果总统候选人来这里的目的只是为了说些讨好观众的言论的话，那他们大可以像某些候选人所做的那样，选择派代表代替自己前来；或者是取悦所有人，然后到最后一事无成。"掌声变热烈了。人们回过神来，马克龙继续自己的演讲——他不会再被打断了。这是他头一回在会议上展示自己的威严。在他的政党成员眼中，这是权威的象征，而他的对手则将其视为狂躁的迹象。

"勒德里安一走，就像蹦出的香槟瓶塞，所有人都会一窝蜂地跟随他"
2017 年 3 月 23 日，星期四

这一次，一切终于敲定下来了。在数周的猜测过后，国防部部长宣布与马克龙结盟。布列塔尼人勒德里安选择在法国西部——也就是他的故乡——的一份报纸上宣布这一消息。"我的选择符合我的经历和我的信仰。"他解释说。此外，面对"国民阵线候选人会在初选中拔得头筹"的危险时，他指出："在我看来，马克龙是唯一与我追寻同样价值的候选人。"对"前进运动"来说，勒德里安的加入让人们长舒了一口气。"能争取到他真是太棒了，这证明了马克龙纲领的严肃性。"马克龙的一位发言人欣喜地指出。更为关键的是，这个消息是在对竞选活动具有战略意义的重要时刻公布的：哈蒙在第二天就发表了有关国防政策的讲话。"哈蒙选择这个时间明显是为了威胁我们。"马克龙的一位亲信表示。实际上，此次结盟也标志着最后一批犹豫不定的人将选择离开。"勒德里安一走，就像蹦出的香槟瓶塞，所有人都会一窝蜂地跟随他。"哈蒙竞选团队的一名成员警惕地指出。此外，这一刻也不会拖上很久。就在同一天，体育部部长蒂埃里·布拉亚尔也宣布迈出跨越性的一步。紧随他之后的是负责生物多样性事务的国务秘书芭芭拉·蓬皮利。在右派方面，也涌现了新的支持者，尤其是来自希拉克党的支持。法国外交部前部长菲利普·道斯特·布拉齐在巴黎的民族广场宣布他将加入马克龙的团队。其他人也在加盟的途中。

"人们都在找黑屋①，他们终于找到了"

2017年3月24日，星期五

菲永在民调中遭遇了打击，近一个月以来，他一直被牢牢地限制在第三名的位置上。他尝试反击，并对奥朗德发起猛攻。共和党候选人利用自己参加法国电视二台《政治问题》节目的机会，攻击共和国总统，也顺便打击了马克龙。他的指责措辞严厉："奥朗德把所有他感兴趣的窃听器都收集到他的办公室里，这是彻头彻尾的非法行为；他直接与贝西和法国的金融情报机构串通，随时获取信息；他清楚所有细枝末节，并且进行最密切的追踪，其中包括对他的前总理瓦尔斯的追查。人们都在找黑屋，他们终于找到了。"

---

①一个政府官员打开并阅读被怀疑人信件的办公室。

"这场选举不仅不能解决危机，它还会带来危机"

2017年3月24日，星期五

经济部，贝西，与萨班用餐：

——您看上去好像并不相信哈蒙会获胜。

——现在的问题是：之后会发生什么？我们仍然需要社会党。在政治重组中，这些政党会派上用场。

——您认为议会能够得到拯救吗？

——正常来说，总统选举会让国家变得有序。但当前的这次选举却搅乱了秩序。如果马克龙能获得100到120个议员席位，那就已经算是大获全胜了。之后他得接纳哪些人呢？会有国民阵线、右翼，还有社会党人。马克龙党成员的核心任务就是必须为治理国家做出选择。

——不过如果马克龙当选总统，他还是会带来一些新动态。

——"前进运动"怎么才能获得288个席位①？这场选举不仅不能解决危机，它还会带来危机。我们可能会进入这样一个时代，那就是根据不同情况，有的法案要由这帮人投票通过，其他法案则得靠另一帮人。在德国，人们有办法取得多数投票通过。但我们呢，我们不知道这该怎么做。

---

①法国国民议会目前共有议席577个，某一政治阵营若想获得绝对多数席位，必须获得288个以上的席位。

"我曾经在爱丽舍宫工作过,我没有见过黑屋"

2017 年 3 月 25 日,星期六

马克龙刚走出留尼汪圣丹尼岛的机场,就听到了由"前进运动"支持者大声播放的音乐。"给马克龙投票,给马克龙投票,国家需要好总统!"为迎接这一特殊时刻,人们改编了当地的传统世嘉音乐。一开始,一切进行得很顺利,但是情势并没有持续。在 60 公里以外的圣鲁市,人们正在社区的集市上对候选人翘首以盼。他必须赶往酒店换衣服,然后前往圣鲁市。但是他却遭遇了海岸公路的大规模堵车。虽然他的团队尝试在长龙般的车海中见缝插针,然而他迟到的时间还是越来越久,等他最终到达目的地时,集市已经快要关门了。只有一小群头戴奥朗德滑稽面具的示威者在等着他。"马克龙和奥朗德是一丘之貉!"这些人高喊。跟随候选人的警察正努力不让他们靠近。离集市不远的地方,候选人见到了一位梅朗雄的支持者,他和后者握了手。"我挺喜欢他的,你们知道。"马克龙告诉对方。"不屈法国"的领导人和"前进运动"的党魁在本周早些时候的辩论中也表现出了对彼此的好感。两人间的结盟会是文化人间的结盟。当然也不止这些。他们都想增强彼此的实力,通过夹击打败哈蒙。马克龙继续着他的访问。他来到海边,观看一支当地乐团在椰子树下的表演。他和人们交流、握手和合影,最后回到了自己的车上。现在,是时候参加媒体招待会了。他几乎被各种问题淹没。有人问起他距离总统选举只剩三十天的感受——"这将是一整个月的工作时间。我要通过实地访问表现出决心和信念。"有人问起菲永的指责——"我曾经在爱丽舍宫工作过,我没有见过黑屋。要不然就是有谁跟我隐瞒了很多事情。"有人提到他在民调中第一次超过勒庞——"我的民调曲线在上个月超过了勒庞,这很好。势头很棒。"最后,有人指出他在这次选举中如影随形的异常好运——"我们可能会关注一些他人拒绝关注的事情,运气永远与勇敢的人相伴。"只不过在这一次的访问中并没有如此。

在圣丹尼斯岛举办的会议上,他并没有好运相随。当他抵达巨大的体育馆时,他很快就发现那里没有坐满。阶梯座位上只稀稀拉拉地坐了些人。在他要做演讲的讲台周围则几乎一个人也没有。由于堵车的原因,他比预期的时间晚到了一小时。很多支持者都已经离开了。他试图唤醒听众。为了回答问题,他邀请一名观众上台提问。受邀上台的观众一位接一位地上台,直到让会议变成了问答模式,最后还有一位六岁的小孩儿在台上做起了鬼脸。这种形式倒是很有趣,但是公众感到厌烦了,尤其是当最后一位提问者开始拖延时间时。安保人员也由此担心起来,他们尝试将提问者请下舞台。观众心生抱怨:时间太久了。他们是为来听马克龙演讲的,而不是来听其他支持者的讲话。很快,厌倦的人群开始离开现场。会议失败了。

由于此前马克龙在第戎已经有过一次失败的经历,这一次倒也不算太严重。然而不愉快的背景音乐还是响起了。尤其是第二天,马克龙就又犯了一个小错误。当被问及对近期爆发的大规模罢工的看法时,他将圭亚那说成了一个"岛"[①]。这让人们联想到了当年罗亚尔和她的造词"bravitude"[②]。而马克龙的失误也受到了政治对手的嘲讽。显然,他此次的留尼汪群岛之旅并不顺利。原定于两周前就应当进行的行程被他推迟

[①] 法属圭亚那虽然地处热带海洋边缘,但却完全位于南美洲大陆中,并不是一个岛。马克龙在此犯了地理常识错误。
[②] 罗亚尔曾在2007年法国总统大选期间访问中国。她在参观长城时,引用了中国谚语"Qui n'est pas venu sur la Grande muraille n'est pas un brave. Qui va sur la Grande muraille conquiert la bravitude",即"不到长城非好汉"。然而,她犯了一个法语错误。法语中并没有"bravitude"这个词,应为"bravoure"。她的这一错误也没能逃过其对手的眼睛。

了两次,第一次是在3月中旬,当时他要前往德国与默克尔见面;第二次是因为第一轮投票前的电视辩论:他不可能在十小时的飞行后出现在电视上。时机不佳,次序不对。而现在他又得飞往邻近的岛屿马约特了。

"欢迎埃马纽埃尔·马克龙总统！"

2017年3月26日，星期日

飞机刚刚降落在马约特岛，就又要准备开始下一次的飞行了。在两个小时内，他必须起飞前往巴黎，参加将在那里举行的一次会议。马克龙跳进了等待他的车中，他要在十分钟的车程后赶到藻德济。那里聚集了一大批等待他的人群。这里和留尼汪的氛围完全不同：人们身着传统服饰，载歌载舞，拍掌欢迎……气温也比圣丹尼斯高上几度。热度令人感觉潮湿又有些透不过气。他足足花了半个小时的时间来从这个规模庞大的"仪仗队"中穿过，来到发表讲话的演讲台前。和往常一样，他稍作停顿，希望能够回应每一个投向他的目光。他的保安则咬紧牙关。此时夜幕降临，所有人都环绕在他身边，想和他握手、照相或是打招呼。他的脖子上围了一条花环——虽然他浑身被汗水浸透，但他并没有将花环取下。"欢迎埃马纽埃尔·马克龙总统！"人们大喊。在他发表讲话前，当地的政要接连步入观众席。马克龙缓步走向讲台。四十五分钟后，他的飞机就要起飞了。"国民阵线的主席承诺今后将不再接收移民——不管是合法还是非法，并且要杜绝偷渡。然而这是不可能的。这是个可耻的谎言。"马约特岛受到来自邻近的科摩罗岛的大规模移民压力。非法移民者和当地居民间的紧张局面长久存在。这对国民阵线来说正是可以汲取的养分。勒庞在2016年11月底曾在马约特岛停留了较长时间。她在该岛取得了巨大的成功。"玛丽娜·勒庞不仅对法国人民撒了谎，也对你们撒了谎。"讲台背后是正在等待马克龙的车，时刻准备将他送往机场。"谁能向你们保证，明天就不会有夸萨—夸萨？谁也不能。"他用了当地用于指代来自科摩罗的平底小船的方言，在几段稀松平常的讲话后，他高呼："马约特万岁！共和国万岁！法国万岁！"此时，他一共演讲了二十分钟。这可以算是他最简短的一次演说。他似乎想要再多停留一会儿，并仍然在同人们握手。然而他的团队却催促他上车。摄影机已经在机场等待他。他从容不迫地回应了问题。作为名人，他无须通过安检。他在飞机起飞前的几分钟登了机。人们连喘息的机会都没有。当然，尤其是他自己。

"竞选很可能到最后几天还会起变化"

2017 年 3 月 27 日，星期一

与马克龙团队成员的谈话：

——留尼汪群岛会议的失败让你们担心吗？

——我们注意到了，但我们不会太在意。

——它还是留下了一段小插曲。

——一场竞选中肯定会有跌宕起伏。我们已经很熟悉了，不需要过分关注。

——不过他看起来还是有些焦躁，比如在有关殖民问题的争议中。

——我们在努力集中精力，坚持到最后，因为竞选很可能到最后几天还会起变化。

"但我也警惕某些政客的隐秘计划"

2017 年 3 月 28 日，星期二

他是否引发了人们的不快？人们是否开始质疑他了？马克龙尤为不安，几乎要动怒了。第一次，他在公众面前流露出他到目前为止都尝试隐藏的一面。他刚刚在竞选总部召开了一次紧急记者招待会。招待会的通知是周一晚上以邮件的形式发出的，不会让记者措手不及。自此之后，参加马克龙媒体会的人都必须在竞选总部前排队入场。原先在五楼的旧会议室已经变得拥挤不堪，当一百来号记者蜂拥而至时，那里闷热难忍。马克龙的团队已经整理出新的地方接待所有人。

尽管"前进运动"的总部并未"着火"，但是气氛依旧很焦灼。一种无声的忧虑开始笼罩马克龙的团队，他们怀疑社会党要操纵即将到来的议会选举。先前的结盟滋养了有关"前进运动"正发展成为社会党附属党派的舆论。但这甚至还不是最坏的情况。马克龙了解到瓦尔斯已经准备好要宣布支持"前进运动"——前总理一旦加入，"前进运动"极有可能会被视为奥朗德的官方托管人，这是马克龙竭尽全力想避免的。然而这还不是全部。马克龙还发现，人们对他在当选后能否获得议会多数席位心存怀疑。希望通过成为"前进运动"国民议会辅助力量，以此在 6 月的议会选举中保住议员位置的社会党人也在给这些质疑煽风点火。对另一些想要加入"前进运动"的人来说，他们的目标是能够入选部长名单。这一切在马克龙周围形成了一个令人厌恶的小型音乐剧，瓦尔斯则是乐团指挥。马克龙决定发起回击。他所说的每一个字都在针对社会党前总理。他并不是想劝阻后者加入，因为这似乎无可避免，他意在控制这一分量颇重的加盟所带来的象征性影响。"旧瓶装不了新酒。我很高兴能够获得民众的支持。但我也警惕某些政客的隐秘计划。""没有任何支持能够阻止我进行改革或是前进。""每一份支持都值得被给予回应，但它不等于正式提名，不等于参与竞选，或是有权对我们的纲领进行修改……"马克龙没有提及瓦尔斯的名字，但大家都心知肚明，以至于在会议结束后，一位记者问道："这次记者会的真正目的是不是为了在瓦尔斯采取任何行动前，就对他关上大门？"马克龙没有否认。此外，为了确保大家都明白无误，他的一位顾问还反问道："这很明显，不是吗？"

"在没有得到我的允许前,第戎不会有马克龙党的民选议员"
2017年3月29日,星期三

巴黎,早晨8点半,瓦尔斯接受蒙特卡洛电台的采访:
——您会在4月23日给哈蒙投票吗?
——不会。
——您会给马克龙投票吗?
——我会。

巴黎一家餐馆,与弗朗索瓦·雷沙曼①用餐:
——奥朗德党人会怎么做呢?
——如果我们要采取行动,那必定是集体行动。我只会由弱到强这么分析。所以我要说,在没有得到我的允许前,第戎不会有马克龙党的民选议员。
——那法国其他地方呢?
——到时候会有50名左右的国民阵线议员,180名到200名右派议员。马克龙会有兴趣去算算看,如果他要获得多数席位,还剩下多少。他甚至可以更仔细地观察一下那些传统左翼城市的情况。我不排除会出现右翼或者极右翼获得国民议会多数席位的局面。
——您会加入他的势力吗?
——我们必须保持头脑清醒。就算他当选总统,他也不会拥有多数席位。

---
①法国政治家,社会党成员。2001年至2014年任第戎市市长,并于2015年再次当选该市市长。

"我们很苦恼"

2017 年 3 月 31 日，星期五

瓦尔斯对马克龙的支持并没有掀起社会党人的投奔浪潮。随之而来的是社会党改革派向"前进运动"领导人的靠拢——瓦尔斯党人并非唯一受到诱惑的人群。"我们很苦恼，"奥朗德的一位部长表示，"如果说我们给马克龙投票是为避免将票投给菲永，那这就不是出于信念的投票。"虽然社会党并未立即澄清自己的立场，但瓦尔斯的决定所引发的危机似乎至少解决了一个问题：大选第一轮投票。"之后肯定还会有其他问题，但我们至少不用再考虑这一点了。"一位老社会党人表示。几乎没有人相信哈蒙会取胜。而且，如果社会党还想获得议会多数席位，将目光移向 6 月的议会选举，党派的未来就是社会党人从现在开始尤需考虑的事情了。瓦尔斯的对手将他决定支持马克龙的做法看作先发制人，目的是在日后夺取政党大权。"如果他是为了尽可能地集结力量以重振社会党，而且能够在当前情况下取得成功的话，那也挺好。"奥朗德的一位亲信表示。然而，并非所有人都赞成这个想法。"我绝对不会让自己在瓦尔斯领导的大潮里随波逐流，"社会党内一位颇有分量的人物表示，"他并不是首领，他得树立威望。但他的履历并不能证明他有这个能力，他还有很长的路要走。"在社会党人看来，瓦尔斯近期在《新观察家报》上发表的声明并没有对他有所帮助。这位前总理在声明中表示，如果菲永最终获胜，"我们还是需要与右派在议会中妥协"。鉴于社会党眼下正处于紧迫之际，瓦尔斯伸出的手让人更加愤慨。在民调中，梅朗雄已经超越了哈蒙。对这位社会党候选人来说，初选得票率跌破 10% 的可能性越来越大。

"我们谁也不怕！"

2017年4月1日，星期六

右满舵①。马克龙现在成了共和党全面攻击的对象，后者将其等同于奥朗德主义的继承人。马克龙必须扭转局面。他要利用此次赴南法访问的机会，树立自己的反传统形象。在于马赛的沙诺公园召开会议前，马克龙先于当地酒店会见了共和党人克里斯蒂安·埃斯特鲁斯。作为2015年普罗旺斯—阿尔卑斯—蔚蓝海岸大区的民选代表，埃斯特鲁斯在当时的当选得益于社会党的弃权。而这位尼斯市的前市长现在成了对抗国民阵线的最后一座堡垒。从过往来看，他属于萨科齐党。他在前一天晚上与菲永的见面让公众嘘声一片。他对马克龙的接待，以及和后者的一同现身是在表达自己对法国共和党候选人的看法。两人肩并肩出现了，仿佛是彼此最好的朋友。这并非是一场结盟，但这一画面的意义在于它会放缓不断向马克龙投奔的左派重要人物的脚步。菲永放出的"埃马纽埃尔·奥朗德"绰号已经开始影响民众。"我们一定要避免让人们认为我们不过是换汤不换药，只是在同样的政府里安排了一位不同的总统。"马克龙的一位亲信指出。虽然右派的一些人物决定加入他们，但他们的政治分量和象征意义还是比不上瓦尔斯、德拉诺埃和勒德里安。不过，右派中还是有不少人准备这么做。4月1日的这个周末，原萨科齐和希拉克政府部长手下的50多名官员就宣布了他们的加入。不过，没有多少人注意到这一迁移。右派还在继续炮轰马克龙，并称他的规划是"奥朗德主义

---

① 航海术语，即向右打舵，打满90度。

的延续"。马克龙做出一副无视这些攻击的样子。"正如我们在此声明的,我们谁也不怕①!"马克龙在沙诺公园的演讲台上说道。会场坐得满满当当,这是个积极的讯号。马克龙似乎翻过了第戎和留尼汪失败的篇章。在马赛,马克龙再一次迎来了大批积极热情的民众,正如2016年12月初他在巴黎凡尔赛门时那样。不过,他的口吻已经起了变化,他不再像之前那样仁慈。这一次,他没有吝啬对菲永的炮火。"菲永已经不再有纲领,所以他只有四处攻击。他已经无法兑现与法国人民的约定。所以他只能和自己的党徒闭门不出,"马克龙讥讽地说,"真是一群毫无廉耻的人!就让他们追随国民阵线的道路吧。我们会坚持到底,我们将取得胜利!"然而,他的亲信们还是对他向共和党候选人展露的敌意颇为担心。如果马克龙在第二轮投票中对抗勒庞,他仍然需要菲永的选民。将这些选民等同于国民战线无异于将他们送往勒庞的怀抱,尤其是此时又有另一重危机开始浮现。

自梅朗雄在3月20日参加了电视辩论后,他的民调就一直在攀升,甚至直逼菲永。"不屈法国"的领导人并没有掩饰自己对第三名的冲击,他甚至想获得更高的排名。此外,他的一部分选民似乎想要在第二轮投票中转投勒庞。随着大选的第一轮投票越来越近,选情越发动荡,仿佛竞选活动尚未开始一样。梅朗雄在《星期日报》上预言:"第二轮投票的结果会和第一轮一样令人惊讶。"

---

①原文为马赛当地方言"On craint dégun !"

"请注意,朋友们,我们今晚的目标是帮助人们更好地理解"
2017 年 4 月 4 日,星期二

双人辩论并不是一件容易的事情。今晚 11 点,候选人的第一次正式电视辩论就陷入了一片混乱中。很快,梅朗雄就发出警告:"请注意,朋友们,我们今晚的目标是帮助人们更好地理解。"不过他并不确定他的对手们是否听取了他的告诫。在前半小时相对谨慎的辩论后,候选人开始毫不留情地互相质问,有时是关于外来工,有时涉及对欧盟条约的重新商讨,还有减轻企业赋税的问题……在接连的问答中,一切都缺乏连贯性。

随着辩论的推进,纷迭而至的插话有时会让人看不清候选人的界限。菲利普·普图、娜塔莉·阿尔托和哈蒙似乎属于右派。而弗朗索瓦·阿塞利诺、勒庞和菲永似乎又站在左派。经常与他人看法一致的马克龙则像极了中间派。虽然有些候选人进行了很有针对性的小规模争论,但混乱依然是辩论的主旋律:菲永想要重新夺回自己被尼古拉·杜邦-艾尼昂占据的位置,而后者则对马克龙发起攻击,但自己同时又受到来自勒庞的挑战。勒庞又是受阿塞利诺挑拨——不过,也没有人想和他就宪法展开辩论。

人们也向彼此伸出了手,展示了政治观点或想法上的趋近:普图赞同阿尔托的措施;勒庞奉承阿塞利诺;马克龙则对梅朗雄予以尊重。有时,候选人之间的联系甚至会令人吃惊,比如当菲永提出要对困难企业实行临时国有化时,哈蒙表现得十分欣慰。

杜邦-艾尼昂更为乐观,他试图说服阿尔托。然而没有人太在意

让·拉萨尔和雅克·舍米纳德的问题。站在舞台上的这两人时不时交换着窘迫的目光。总之，一切似乎都开始在原地兜圈。不过眼下，候选人要就政治的警戒性展开辩论：舞台上闪过了刀光剑影，银幕中出现了血腥的迹象。人们将目光转向了菲永和勒庞。

每个人都开始轮番攻击这两位党魁。普图射出了最险恶的一箭："当你被警局传唤时，你就应该去。你不可能有员工豁免权。"当国民阵线的领导人勒庞用议员豁免权为自己拒绝接受法院传唤辩护时，普图如此回击。而菲永，则使用句首反复修辞，将"一个模范总统"作为每句的开头避开攻击。

随着辩论的进行，人们注意到候选人不断被提醒要注意发言时间。每个人都试图抓住每分每秒，要求把话说完，并强调这是话题所需。所有人都参与了辩论，尽管有时排名前五的"重量级人物"似乎并不清楚自己到底在干什么。

"我们当然会关注观众曲线"

2017年4月7日,星期五

质疑声四起:他(马克龙)是不是干这行的料?攻击也不断出现:说到底,他不过是奥朗德的继承者。他的纲领含混不清:到底有没有数字支撑?最后,人们还开始怀疑:如果马克龙当选总统,他真的能够拿下多数席位吗?然而,更重要的还是民调结果:在离第一轮投票只剩16天的时候,各候选人间的差距变得越来越小。在第一场辩论后的第三天,马克龙单独接受了法国电视二台《政治问题》的采访。这是他仔细雕琢自己形象的机会。首先,他要巧妙地提炼对奥朗德的批评,以便更好地突出自己与国家元首间的不同。马克龙在开场白中表示:"我承担一切责任。"但与此同时,他也表示奥朗德的"五年任期极为失败"。此外,他还批评了奥朗德的一些"可爱"失误,即"与记者的过分接近"。对于人们指责他对惠而浦的工作岗位坐视不管时,他愤怒地指出:"你是要我跳上卡车,告诉人们惠而浦永远不会关门吗?这不可能。"他隐射的是2012年奥朗德的竞选活动。当时,站在法国工人民主同盟卡车上的奥朗德曾经承诺要拯救弗洛朗日①。"我和他之间有过分歧。我已经说过了。我不同意剥夺国籍政策,以及他的欧洲政策。在当时,我与这些政策保持了距离。我不是一个躺着的枪手。"为了说服观众相信自己与国家元首的决裂,马克龙对观众解释道。他本人并没有提到"决裂"这个词,这是萨科齐常用的词。马克龙用的是"交替"一词。此外,他也公布了他的党

---

① 弗洛朗日曾拥有世界最大的钢铁公司安赛乐米塔尔,然而该厂在2012年面临倒闭。

派中即将参加议会选举的第一批候选人名单。他们都是普通公民。由于他们不是名人，人们并不熟悉他们的名字。这也是马克龙的原则。

"我下面要说的话是我第一次说：我想让普通公民参与政治生活。我想要中间派、中右派以及戴高乐主义者和亲欧右派。"他解释道。此外，他还提醒说，50多位朱佩党人也刚刚加入了他。但是，"前进运动"当前最引人注目的支持还是来自几位标志性左派人物。这也是人们为什么会认为如果他当选总统，政府将会由这群人主宰。"我不会和那些管理过国家的人一起执政。"他指出。不过他也拒绝透露国防部部长勒德里安将承担的角色。

然而，马克龙还是看向了右派，包括瓦莱里·佩克莱斯、克里斯蒂安·埃斯特鲁斯和扎维尔·贝特朗。"我知道这些人，但我还没有和他们接触过。"他表示。尽管如此，他也没有表示未来不会有召集这些人的可能性，尤其是如果在第二轮投票中，他要与勒庞一决胜负的话。关于《鸭鸣报》对他当选后建立国家联盟的想法的报道，他没有否认。但是他回避了这个话题，"我会在当选的第二天就着手建立这一联盟"。此外，他也阐明："我不会重复2002年对抗国民阵线时没有完成的工作。当时的人没有意识到，我们其实不需要再拓宽战线。"然而这并没有消除人们对他当选后是否有能力在紧随其后的国民议会选举中获得多数席位的质疑。

他有关自己"既非左亦非右"的声明并未达到效果，尤其是鉴于这一声明中的前者是他想给予保证的对象。面对质疑的出现，他想要更好地说服这一人群。他表示，在历时六个月的考察后，他决定在诺特尔达梅-代朗代修建一座机场，这样就可以避免"斯万事件"[①]的再次发生。"如果我没能说服大家，我也会尊重大家的选择。"他承诺。在税收方面，

---

① 2015年10月底，一名年轻的环保主义者在塔尔纳省争议颇大的斯万大坝示威游行中死亡。

"我不会对法国的不动产税率做任何提高,也不会对个人财富或者遗产继承增税"——他重申了这一点以期让人们安心。对于自己将法国殖民称为"反人类罪行"的争议性言论,马克龙也做出了解释。"我们对冲突的记忆存在问题。这很糟糕,因为存在着多重记忆,我们从未对这段充满创伤的历史进行很好的解释。"他惋惜地表示。尽管他向右派伸出了手,但他与卢瓦尔河大区议会主席布鲁诺·罗塔尤的辩论并不顺利,尤其是这位菲永竞选的组织者对马克龙的退休改革进行了批评。在罗塔尤看来,国家需要推迟法定退休年龄,而经济部前部长并未在他的纲领中包含这一点。"我们没有必要这么做,"马克龙指出,"我们的首要任务不是做新的调整……我提议推行深度改革,对所有人都实行统一标准。我会保留分割制度,退休时间会自动进行计算。通过这一改革,大家会有一个更公平的体系。我们也会提高法定退休年龄,但这一措施不会在我的第一个五年任期内推行。"当罗塔尤指责马克龙打破"公民契约",寻求建立所谓的"社区主义"时,两人间的对话更加剑拔弩张。马克龙抓住机会,攻击右派对手的价值观:"我反对多元文化主义,但我相信整合。我相信强有力的公民身份,他们以自己为荣 在女性地位和社会权力方面,我也和您的观点不一致。我没有回归二十世纪五六十年代的法国的雄心壮志。"最终,两人的交流在收尾时颇为激烈,他们对社会的看法有分歧。目前,马克龙的观点似乎在民调中更占上风,但是他想保持"谨慎"。"我并非政治贵族出身,"他解释说,"一年前,当我们创立自己的政治派别时,还没有多少人加入。我会坚持到最后一刻,努力让大家信服。"本周五,他就将迎来第一个指标。每次团队参与政治节目后,他的团队都有一个惯例。离晚上 9 点差几分钟时,每个人都开始关注观众曲线,以评估媒体带来的影响。"我们当然会关注观众曲线。""前进运动"候选人的一位亲信表示。今晚法国电视二台的节目具有决定性意义。

"玛丽娜·勒庞不愧是让-玛丽·勒庞的女儿"

2017 年 4 月 10 日，星期一

候选人之间的民调差距在缩小，竞争越发激烈。在一次民调中，梅朗雄一举超越菲永，夺取了后者的第三名位置，勒庞和马克龙在有资格进入第二轮投票的前两名位置上彼此拉扯——尽管两人的支持率都有所下降。于是，"前进运动"的党魁利用自己在巴黎竞选总部召开记者招待会的机会，发起了对其他三名竞争对手的攻击。尽管媒体会最初的目的是就反恐问题进行提议，但马克龙迅速回顾了本周的政治动向，包括梅朗雄在马赛、菲永在巴黎凡尔赛门以及勒庞在巴黎冬季自行车竞赛馆的声明。他将这三名候选人分别描述为"左派共产主义者""右派商人"和"极右翼"。

上周日，国民阵线的候选人表示法国不需要为 1942 年的大逮捕①"负责"。马克龙对此表示："（大逮捕）是一个严重的政治和历史错误。""当希拉克承认法国应当对此负责时，他做得没错。""前进运动"的领导人说，"玛丽娜·勒庞居然选择重新谈及这个话题，真不愧是让-玛丽·勒庞的女儿。现在，人们应该不用再对此怀有疑问了。这就是法国极右翼势力的真实嘴脸，而这正是我要斗争的对象。"

此外，他还利用这个平台对梅朗雄周日在马赛麻田街所发表的有关和平的长篇讲话发起攻击。"梅朗雄提议的不是和平。他提议的是让我们放下武器，认为如此一来问题就会解决。说得好听一点，这叫作超凡主

---

① 指 1942 年夏天，法国警方配合纳粹德国，将巴黎城内包括 4000 名儿童在内的 13000 名犹太人集结到冬季自行车竞赛馆。这些人后来几乎全都在奥斯维辛集中营被杀害。

义。说得难听一点,这就是不负责任。"马克龙说,"如果梅朗雄认为他维护的和平正是弗拉基米尔·普京所维护的和平的话,那我完全不敢苟同;如果梅朗雄提议的和平是要让法国在那些攻击我们的人面前单方面放弃武力,那我完全不敢苟同。"而对于共和党候选人,马克龙否认曾为证明自己在剥夺国籍方面的立场而给对方传过简讯。"菲永在说真话方面存在障碍。这一点现在很明显。"他反击道,并重申他"在剥夺国籍方面的立场从未改变"。最后,他总结了自己对共和党候选人的看法:"他不是从今天开始才失去我对他的尊重的。"

"我们对时间都没什么概念了"

2017年4月11日,星期二

与"前进运动"一位成员的谈话:
——马克龙什么时候与贝鲁在波城开会?
——离第一轮投票还有10天的时候。
——呃,也就是说……
——离第一轮投票还有10天,还有10天……那就是下周四。
——你们现在的日程安排是根据离初选的倒计时来定的吗?
——这样记起来更方便,而且我们对时间都没什么概念了……

"在您这个年纪,拿破仑已经掌权 10 年,当了 6 年皇帝"
第一轮投票倒计时 10 天

贝鲁正在波城市政厅外的台阶上等待马克龙。与以往不同的是,马克龙这一次迟到了。他在拉姆吉耽搁了一会儿,那里是他儿时滑雪的地方,就在上比利牛斯省巴涅尔-德比戈尔的山上,也是他祖父母的家乡。他在那座城市散了很久的步,还特别花了些时间和妻子布丽吉特拍照。两人坐在缆车上,准备去山顶午餐。照片虽然很老套,但是它将出现在各大杂志上——这也是马克龙的目的。夫妻俩不紧不慢,而贝鲁则在等待。一小群人围住了马克龙,他的保安努力为他拨开一条上车的路。当马克龙到达波城时,一切都显得匆忙。他同贝鲁在摄影机前握手,交换了友好的问候,并一起走了一小段路,欣赏不远处的比利牛斯山脉。这并不是两人第一次共同现身。2 月份的时候,也就是在贝鲁正式宣布与马克龙的政治结盟后,两人就已经见过面了。3 月,这位民主运动党的主席又参加了马克龙在兰斯召开的会议。不过今天的波城会议是贝鲁第一次上台发表讲话。他会不遗余力,包括亲自解除障碍,让在泽尼斯——他所在城市的体育馆——外被拦下的支持者进入会场,甚至几乎就要帮助安保队伍对观众进行安检了。这场会议是属于他的时刻,他会正式将接力棒交给马克龙。虽然这并不意味着他要退出政治生活,但也是一个重要的确认:承认自己三次总统竞选失利的阶段已经成为过去。在容纳了 5000 多人的体育馆内,他对着拥挤的人群回忆起 2007 年。当时,得到 19% 选票的他"几乎"就要赢得竞选的胜利。"而从 2007 年到 2017 年,'几乎'这个词却起了重要作用。"他补充道。因为马克龙是目前有望获胜的候选人。"在您这个年纪，拿破仑已经掌权10年，当了6年皇帝。"他赞扬起候选人的年轻。他引用了亚历山大大帝、肯尼迪、马泰奥·伦兹[1]、贾斯汀·特鲁多[2]的话："在人类历史上的很多时候，人们需要年轻人。他们需要谱写新的篇章，以免因为过去几十年的墨守成规而陷入窘迫境地。"他继续说道。坐在第一排的马克龙面带感激的微笑。贝鲁送了他一份厚礼：天意使然之人的华服。

---

[1] 意大利政治家，生于1975年。曾于2014年2月至2016年12月担任意大利总理。
[2] 现任加拿大总理，生于1971年。

"我们真的非常担心"

第一轮投票倒计时 9 天

与马克龙一位亲信的谈话：

——你们为最后一周的竞选活动做了哪些准备？

——我们会安排访问和公共会议。

——我想问的是，你们对竞选最后阶段的氛围有什么预计？

——我们已经做了最坏打算。

——怎么说？

——我们感觉有些人会给团队泼脏水。我们很担心。

——是吗，"有些人"是指谁？泼什么脏水？

——主要是来自右派的，一些网上的传言。我们真的非常担心。

"任何人都不能泄气"

第一轮投票倒计时 8 天

胜利的前景越发开始搅动人们的欲望了。如果马克龙在 8 天后当选总统，他的支持者也将迎来光明的职业前景，尤其是议员的位置。"前进运动"领袖对第一批议会选举候选人名单的公布激起了第一波失望和沮丧。对那些在为政治运动特别创建的网站上提交了职位申请、却没有进入候选人名单的人来说，他们的感觉尤为如此。"我不明白，有人来试探过我，问我是否同意担任候选人。但我却在媒体上发现被选中的是另外一个人。他们甚至都没有通知我。"一位被拒绝的谋求职位的人苦涩地说，"不管怎么样，一切还会有转机。"其他不幸落选的人则接到了告诉他们坏消息的电话。一位积极参与党派活动的申请人忍不住流下了眼泪。全法上下共有 14000 人提交了对 557 个位置的申请。大批没有成功申请到职位的人很可能会与马克龙分道扬镳，马克龙也看出了这一危险。"他不希望看到人们互相在背后捅刀子。"马克龙的一位盟友说。

当务之急是抓紧时间控制可能产生的损失。"选民中已经有了召开议会选举筹备会议的初步想法。我们要求大家关注大选。""前进运动"的一名成员解释道。下一轮提名很可能会在新总统选出后公布。这是调动支持者积极性的做法。

然而有些人却急不可耐，一点儿也不愿意等待，蒙彼利埃市市长兼蒙彼利埃大都会主席菲利普·索雷尔就已经向媒体宣布——他甚至还没有接到来自"前进运动"议员任命委员会的任何正式通知——为了得到一张选票，他会和安·伊冯娜·勒丹在马克龙阵营中结盟，成为候补。

不过，埃罗省①"前进运动"省级协调人柯拉莉·杜波斯特却对这一公开宣告的双人自行车做法表示反对。她在《自由南方报》上指出，"前进运动"尚未公布决定。这种"要挟"与马克龙十分重视的"政治实践更新"不符。而索雷尔则通过《费加罗报》反击："这个表现得像是社会党第一同盟的人是在点燃火药，因为她自己也想获得选区。蒙彼利埃'前进运动'当地委员会已经被社会党人围得水泄不通了，尤其是哈蒙党人。"索雷尔接着补充道："在我第一次见马克龙，还没有宣布要支持他的时候，我就很清楚地告诉过他，我关注的重点将是蒙彼利埃。"气氛着实紧张。

在加入马克龙的团队时，有些人觉得很容易就能赚到一个正式提名，另一些人则认为在马克龙取胜后，他们能够得到部长——这一在他们看来极占优势的角色——的职位。只有少部分标志性人物有选择权，比如国防部部长勒德里安。说白了，马克龙身边的席位极为宝贵。他拒绝进行任何有关职位的商讨，对他取胜后的政府架构也讳莫如深。因此，越接近比赛的终点，"前进运动"内部的紧张气氛也就不可避免地愈发加剧。党内成员间的竞争达到了白热化。"他周围有很多极端自大的人。看到有些人没有能力，却踩着别人往上爬，我惊讶极了。"一位失望的盟友表示。现在，"前进运动"的首要任务是要将支持者的积极性保持至最后，并且要超越内部的动荡和不确定性因素。"任何人都不能泄气。"一位支持者高呼。总统大选的第一轮投票还没有开始，争夺席位的竞争就已经十分激烈了。

---

①蒙彼利埃市所在省份，蒙彼利埃为其省会。

"在第一轮投票的秘密投票室里,奥朗德会把票投给马克龙"
第一轮投票倒计时 7 天

奥朗德努力退居幕后。但是他很难完全做到。最重要的是,他为只能远远观望他选择放弃的这场竞选感到挫败。有时,他也会谨慎地发表看法。这个周末,奥朗德参加了尼维尔攻势的百年纪念活动。该战役是第一次世界大战中最为惨烈的一次攻势,标志着法军的溃败和叛变的开始。这是谈及欧洲和平的绝佳机会。"当民族主义及其蛛丝马迹卷土重来时,历史将会踉跄不前。"共和国总统发出了警告,并提到了"在过去 70 年间保卫世界和平"的机构:联合国,"我们必须继续捍卫联合国。我们仍然需要继续推进欧洲的团结一致。我们必须加强并珍惜法德关系。"他隐射了极左翼的候选人梅朗雄和极右翼的勒庞,两人在民意调查中都有拿下进入大选第二轮投票资格的威胁,而且都在他们的竞选活动中表示要退出欧盟。奥朗德唯恐在历史上留下败笔,让自己成为将政权交至勒庞——如果勒庞取胜的话——的那个人。一段时间以来,甚至有传言称,如果极右翼取胜,那么他将拒绝参加传统的权力交接仪式。对此,总统予以否认,"我当然会出席。这是传统,是我的职责,是关乎共和国的仪式。"他向《巴黎人报》保证。然而,"将权力交给政治对手和将权力交给我曾经的政府成员是不一样的。"这一点不可避免,他隐晦地表示。而这里所说的政府成员有两位:哈蒙和马克龙。与前者相比,后者更有可能进入第二轮投票,因而也更受奥朗德青睐。在大选中,"前进运动"领袖已然成了维护欧洲的代言人。了解奥朗德的人都不会怀疑总统的倾向。他的前宣传部部长莫雷尔就尤其如此。在他看来,"在第一轮投票的秘密投票室里,奥朗德会把票投给马克龙。他是不会投给别人的"。

"我已经准备好了"
第一轮投票倒计时 6 天

贝西的雅高酒店外排起了长龙。自竞选活动开始,安保人员就放慢了人群进入会议室的速度。不过,没有人抱怨。马克龙的支持者们已经逐渐对此习以为常了。他们三五成群地进入场内,在阶梯座位上坐定。三小时后,全部位置才被坐满。场内有 20000 人,许多场外的人则通过竖起的大屏幕观看马克龙演讲。这是一个重要的时刻。距离法国大选投票已经不到一周的时间了。大家需要提起对梅朗雄的注意,后者在民调中的一路高歌猛进已经开始引发对手们的担忧。鉴于此,第二轮投票的局势也让人们无从预计:马克龙对勒庞,勒庞对菲永,菲永对马克龙,马克龙对梅朗雄,梅朗雄对菲永,甚至可能是勒庞对梅朗雄。"法国的转盘"——忧虑的外媒这样形容这场难以捉摸的法国大选。对马克龙来说,他也不愿意冒任何风险:在他的讲台周围竖着四座提词器,即兴演说已经成为过去。现在的他身处巴黎,身处贝西——这是他首轮投票前的最后一段旅程。

在他的最后一场大规模竞选活动上,从他身后身着各色"前进运动"竞选服装的支持者,到这次讲话的语气和背景,一切都准备得滴水不漏。然而疑问声还是出现了,有人质疑他能否扮演好总统的角色。他要努力消除这些疑问。"我已经准备好了。"他说。"前进运动"的支持者们——他们身披法国和欧盟旗帜,身着粉色、蓝色和黄色的竞选 T 恤——立即予以回应,并呼吁候选人重新回到讲话中。他们甚至在他演讲时唱起了《马赛曲》。而马克龙则再次详述了他的纲领,向人们描述"未来五年中,我们要建立的法国"。他承诺会恢复学习拉丁语，推行双语教育。他还承诺，"在年底之前"实现议会代表的比例分配，并促进欧洲的复兴。"我将成为见证欧洲雄心觉醒的总统。"他说。

不过马克龙也谈到了自己。或者说，他试着简短地提及自己。"作为法国外省的孩子，我在庇卡底和比利牛斯地区长大。"他提到了"那些恢宏的建筑和教堂，以及令人倍感亲切的木筋墙"。随后，他很快地过渡到了自己的政治抱负。"和大家一样，我无法忍受无助，以及一些人向我们兜售的失败主义。"这正是他今天演讲的核心：在老一辈人面前树立起新生代的形象。"二十年来，人们所提议的既不是解放，也不是重建，而是开始逐渐接受大规模失业。"随后，面对那些自一年前就追随他的人，他说："你们是站起来的一代，是正在前进的一代，这是我们的时代。"人群也开始高呼："马克龙时代！"这正是他今天演讲的目的：将以菲永、勒庞和梅朗雄为首的其他候选人赶回他们那一代人的失败中去。他没有指名道姓，因为大家都心知肚明：他的影射再清楚不过。"在这场选举中，十一位候选人中有十位都想将我们重新拉回过去的幻想中去。"他说，"对有些人来说，这就像是没有阳光的古巴，或是没有石油的委内瑞拉。"此处，他是在针对"不屈法国"的领导人。他也严厉抨击了勒庞和她"退欧和封闭的邪念"。他的每一次进攻都激起了人们的长时间鼓掌。当他提到共和党候选人时，他的措辞就更为微妙了。他表示自己"对将否认事实作为沟通原则的做法感到震惊"。这次会议呈现了一幅美丽的景象，它甚至起到了让人安心的效果。离首轮投票只有6天时间了，"前进运动"的领袖到目前为止还没有犯任何错。离终点还有5天的路程了。他做好了最坏的准备。

整个周末，他的团队都在追踪针对他的各种新攻击。他们并非没有发现，一些注册于国外的网站以及虚假推特账户正在散布有关马克龙拥有离岸账户的谣言。这很容易成为卡于扎克式①丑闻，并且很难在竞选活动只剩不到一周的时间内平复它。为了防止谣言散播，马克龙亲自站了出来。正如他之前应对关于双重人生的丑闻时一样，他通过说出事实来瓦解谣言。"我所挣得的钱是我靠工作得来的。我从来没有什么隐藏的金库或是俸禄，也一向关注利益冲突②。"他通过法国资讯电视台为自己直接辩护。他需要将谣言扼杀在摇篮里。

---

① 热罗姆·卡于扎克曾于 2012 年成为奥朗德政府的经济部官员。2013 年，卡于扎克在被指控进行税务欺诈、拥有境外秘密账户后引咎辞职。
② 专业服务领域的一种现象，即委托人的利益与提供专业服务的业者本人或者与其所代表的其他利益之间存在某种形式的对抗，进而有可能导致委托人的利益受损，或者有可能带来专业服务品质的实质性下降的关系。

"两人准备在大选投票前夕发动袭击"

第一轮投票倒计时 5 天

  这一话题一直笼罩着整个总统竞选。自一开始，所有情报机构就在担心这种情况的发生：针对候选人的恐怖袭击。这个星期二，它又回到了人们的视线中。上午，政府宣布两人被捕。内政部部长马蒂亚斯·费克尔表示："上午 10 点至 11 点，国内治安部队总局在马赛三区逮捕了两名男子。两人均为法国国籍，准备在接下来的几天，即总统选举前夕，发动袭击。"随后人们获悉，候选人在上周就已经得到提醒，可能会在公共会议和竞选集会中遭遇风险。不过，除了会议入口处安排了更为严密的安检以及更为紧张的安保人员外，候选人倒是没有显露出更多的焦虑。

"勒庞女士不配领导我们的共和国"
第一轮投票倒计时 4 天

马克龙的这次出行正好定在了马赛恐怖分子被捕后的第二天。针对即将结束的竞选活动，马克龙计划亮出王牌——他会在南特与勒德里安共同出席会议。显然，时事起了帮助作用。自 3 月中旬广受欢迎的国防部部长决定和马克龙结盟以来，这是两人第一次一同现身。在竞选临近尾声、安全问题又卷土重来时，勒德里安自然是极具分量的人物。对勒德里安来说，这也是一次表达自己观点的机会。当两人在巴黎的蒙帕纳斯站乘坐前往南特的高速列车前，国防部部长表达了对马克龙的看法："他代表了团结、责任、信心、乐观和决心。和他在一起，我完全能感受到这些。"在他身旁的候选人一直保持微笑。而他们的周围则是咬紧牙关的保镖。

虽然说国防部部长向"前进运动"领导人表达的敬意来得正是时候，但是他不会是那个站在演讲台上发表讲话的人。"我们正处于紧急状态。他不会上台讲话。他的到来只是一种标志，毕竟他是部队统帅。""前进运动"的秘书长费兰德解释说。南特的泽尼斯体育馆坐了 5000 多人，巨型屏幕播放着马克龙的入场。他来到前排向应邀者问好。当他与勒德里安拥抱的影像在屏幕上出现时，全场报以欢呼，几乎与他同布丽吉特亲吻时一样热烈。虽然他没能邀请勒德里安上台讲话，但"前进运动"的领导人仍然在讲话开头对后者致以了"特别的敬意"。他还向安全部队和警察队伍表达了敬意，赞扬了力保此次会议安全举行的特警成员。"我想告诉大家，打击恐怖主义的斗争在我看来有多么重要。国家元首的一大使命就是保证人民的安全。而对于这一首要使命，我已经准备好了。"他将这次南特的会议视为对恐怖主义发起的挑战。他说："今天晚上我们在此聚集，通过表达我们对民主的关心，对我们的口号的坚持，对欧洲的珍惜，发出团结的最强音。"事关重大，他需要消除人们对他成为总统后是否有能力应对危机的质疑。由于此时其他候选人与他的差距在逐渐缩小，他是否可以挺进第二轮投票仍存在不确定性，他必须说服那些还没做出决定和犹豫不决的人，以及那些可能会被菲永，甚至是姿态强硬的勒庞所吸引的人。后者是他尤其要打击的对象。极右翼的候选人在几天前曾表示，由她执掌爱丽舍宫，法国将不再出现恐怖袭击。"这番话卑劣无耻。"马克龙抨击道。在他看来，"勒庞女士不配领导共和国"。坐在他对面的勒德里安鼓起了掌。

"不要向恐惧低头"

第一轮投票倒计时 3 天

马克龙正在他的小隔间里等待着。很快就要轮到他上场了。这是第一轮总统竞选活动结束前他最后一次参加政治节目。节目将在法国电视二台播出。而这一次,候选人不会在 11 点举行辩论。几位候选人——包括马克龙在内——都拒绝了辩论。他们会一个接一个地在电视上出现,每个人有 15 分钟的时间。电视台要求每人讲一个与自己相关的个人话题,好增进观众对他们的了解。马克龙选了一个很基本的主题——他的祖母。然而当他在小隔间里回顾自己的祖母,距离上场只有几分钟前,新的消息传来了:香榭丽舍大道上的一名警察被杀身亡,另有两人受伤。凶手被击毙。虽然现场消息尚不明晰,马克龙却对此事进行了评判。在总统选举投票三天前,对香榭丽舍大道——法国的地标性地点——上的警察进行恐怖袭击……此次谋杀具有强烈的象征意义,显然是为了传递某种信息。在得知了这一情况依然不够明朗的消息后,在准备间里的马克龙决定放弃有关祖母的演讲主题。他庄严地向法国人民发出信息,号召人们"不要向恐惧低头"。他说:"我们绝对不能让凶手认为他们成功地分裂了我们,认为我们会屈服在他的淫威之下。"然而,整个竞选活动还是受到了影响。当晚,马克龙宣布取消第二天原定在鲁昂和阿拉斯举行的两场会议。

"他会身处在一片宁静的薄雾中"
第一轮投票倒计时 2 天

与马克龙一位亲信的谈话：

——巴拉克·奥巴马致电马克龙，这是真的吗？

——当然是真的，马克龙刚才在竞选总部和他通了电话。

——他是在公开表示支持马克龙吗？这有些令人意外……

——不会，这不是公开支持。但不管怎么说，这是一个强有力的举动。奥巴马想知道法国大选的进展如何。

——他们聊了些什么？

——很多话题……

——好吧……那现在竞选就要走到尾声了，马克龙的状态怎么样？

——还可以。他说自己已经竭尽全力了，能做的都做了。

——他有没有什么后悔的事情？

——有，在殖民问题上引发的争议。他本来可以处理得更好，但却没有做到。他伤害了某些人，他不喜欢这样。

——不过这也是他自己提起的话题。

——他并没有特意提起。

——那明天他会有什么安排呢？

——他会去勒图凯陪伴家人。读读书，好好休息休息，也许还会做点运动。

——那星期天呢，他有什么期待？

——他会身处在一片宁静的薄雾中。

"我们不会有孩子,但我们可能会拥有爱丽舍宫"

第一轮投票倒计时1天

马克龙和布丽吉特手拉手出现在勒图凯的海边——来自《埃皮纳勒》(Epinal)杂志的照片。在总统选举的前夜,候选人必须保持绝对的沉默,不得发表政治声明,目的是维护选民的宁静。但这并不排除他们会在公众面前露面的可能。在马克龙位于勒图凯的住宅旁,一小群围观者和众多记者已经聚集了起来。警方不得不封锁了街区的交通。马克龙出现了一会儿。他向人群问好,但没有发言,只是和人们握手。但这无法满足在场路人的好奇心。他与布丽吉特决定去海边散步,以满足摄影师,避免看到他们在房子周围"藏上"一整天——甚至是在晚上。于是,他们就在摄影机的跟随下散起步来。布丽吉特气质庄重,她是竞选活动中的另一个明星。当他们走在灯光下时,他们笑而不语;而当他们来到阴影中时,则能听到他们活跃的交谈。马克龙的妻子比她的伴侣年长二十岁,法国人对她十分着迷……在竞选会议中,每当她出现在大屏幕上,她收到的掌声都同她的丈夫一样响亮。她几乎陪伴他参加了他的每一次竞选活动。

只有在马克龙出访国外时,她才没有出现。她有飞机恐惧症,这使得她无法在马克龙的国际形象之旅中陪同后者拜访纽约、柏林或阿尔及尔。"要是和她一起坐飞机,那你的手肯定会被她捏碎的。"一位对此有所了解的候选人顾问开玩笑地说。然而如果是陆上出行,她就会处处跟随。比如今年3月份的一天,她就同丈夫一起坐在前往波尔多的高速火车上。她坐在丈夫身边,翻阅着一本近期出版的有关他们夫妻关系的书——《马克龙夫妇》。"我带了本书来看。你瞧,这是个了不起的故事。他们结了婚,在一起很久,生活幸福,但没有孩子……而他成了总统,"她大笑着开起玩笑,"我们不会有孩子,但我们可能会拥有爱丽舍宫。"

布丽吉特·马克龙就是这样一个人:十分天真自然,与惯常的政治准则相距甚远。有时,她会因此吃亏。比如2016年4月,当她第一次接受《巴黎竞赛》杂志的采访时,她是这样评价马克龙的:"我的丈夫是个工作狂,一个骑士,他不属于这个星球。"马克龙也因此被夸张成一个拥有超能力的外星骑士……布丽吉特的信心让她饱受讽刺和嘲弄。马克龙的团队甚至也曾因为布丽吉特在竞选活动中的适合位置而一度陷入紧张。但这一问题并没有下文。对"前进运动"的领导人来说,布丽吉特是他"不可辩驳的一部分"。没有她,就不会有今天的他:对所有想听这个故事的人,甚至是对那些已经知道这个故事的人,他都会重复这句话。"没有她,我将一事无成。"这两个人能走到今天的确不容易。当年,17岁的他在法国外省的一个小城市里与一位已婚妇女坠入爱河。他需要面对各种反对的目光,人们的流言蜚语,此外还有来自家庭的压力……与之相比,对爱丽舍宫的冲击简直再轻松不过。比如当有关马克龙拥有双重人生的谣言出现时,"我已经不再去纠正,也不再告诉人们真伪了,因为一切没有尽头"。布丽吉特在赶赴波城的旅途中表示。"毕竟在我们一起经历了这么多事情以后……"她补充道,叹了口气。最终,人们还是慢慢明白了一切。布丽吉特也在这场非同一般的总统竞选中找到了自己的位置。在丈夫身边的她看似只想扮演一个教练的角色,不过实际上,她的作用却比这大得多。她有时会给他提建议,让他做演讲演练,还会作为中间人,在来访者和马克龙之间牵线搭桥。她会监督他的日程,帮他找出空闲时间。根据马克龙一位亲信的观察,"她是唯一一个能够在他搞砸了的时候,告诉他实情的人。这使他可以不再整天面对那些只说恭维话的人。"她看马克龙的角度的确不同。有时,当他因为太过相信自己是"救世主"而变得过分激动后,她能让他重新脚踏实地。"真希望一切可以结束,"有一天她边叹气边笑着说,"每晚都做圣女贞德是不可能的……"鉴于两人亲密无间的关系,也只有她才能这样自嘲。"他工作非常努力,从不会怠惰。当他决定做一件事情时,他一定会全力以赴。他是我遇到过的最优秀的人。"在透露马克龙另一个非凡的事实前,她说道,"埃马纽埃尔不是政治家,他是一个作家,这是他一直以来的梦想。如果他在政治上没有成功实现他想做的事情的话,他会另起炉灶的。"答案将在明天揭晓……

"我要团结所有法国人"

2017年4月23日，星期日，第一轮投票

　　星期天的投票极为漫长，尤其是在竞争激烈、结果不可预知的情况下。上午，来自海外省投票的第一组数据开始悄然出现。在圭亚那和马提尼克岛，马克龙排在了梅朗雄之后。在瓜德罗普岛，马克龙以微弱优势取得第一。而在身处国外的法国人中，马克龙的票数最高：他在美国、加拿大和南美获得了最高票数。菲永和勒庞仍然远远落后。这是一个趋势，虽然最终结果还没有出炉。当然，绝对不可以散播这些数字，或是透露民调机构的第一轮非官方调查结果。没有人愿意看到自己的名字出现，也没有人承认他们正在搜集结果。每个阵营里，信息都是通过短信的方式传递的。随着时间的推移，候选人的排名发生了变化，排名顺序和有资格进入第二轮的人员名单也在不断交替。骰子似乎在无休止地滚动。

　　直到下午一条讯息的出现打破了一切。"这是一条没有数据的可靠消息：1. 马克龙；2. 勒庞；梅朗雄和菲永差距不大。"次序稳定下来了。在各大新闻编辑部里，不同的消息来源开始汇合：马克龙第一名；勒庞可能第二，梅朗雄紧随其后，然后是排名第四的菲永。哈蒙似乎也将确定自己的位置。但他需要等到晚上8点才能在电视上获得最终排名的官方结果。

　　马克龙和助手们在位于竞选总部六楼的办公室里回避，以便了解最终结果。而楼下，记者们已经开始大规模聚集，等待在他前往凡尔赛门时抓拍他的照片。此外，还有看热闹的路人——街道被围得水泄不通。尽管结

果一刻不公布,他的资格就仍是虚拟的,但事实上,自下午三四点起,马克龙就不再有怀疑了。法国电视二台已经开始倒计时了。"10,9,8,7,6,5,4,3,2,1……马克龙和勒庞取得进入第二轮投票的资格。"一切将接踵而至。

20点13分,哈蒙呼吁选民将票投给马克龙,"以全面对抗"国民阵线。他表示"左派尚未消亡"。20点19分,在走向办公室的露台向人群致意前,"前进运动"的领导人对法新社表示:"今天,法国政治无疑翻开了新的一页。"随后,他又回到办公室里为自己要向支持者发表的讲话做最后整理。20点47分,菲永发表了演讲。"尽管付出了一切努力,我还是没能说服你们。我一路上遇到了诸多阻碍。我承担我应尽的责任。这一失败是我个人的失败,我是唯一那个应当承担责任的人,"右派的候选人说,"同时,我们必须保证做出最符合我国利益的选择。虽然我并不情愿这么做,但是我的身体里也没有流淌着弃权的血液,尤其是当极右翼正在权力的大门前虎视眈眈时。所以,我会将票投给马克龙。"20点52分,奥朗德告诉人们,他会在第二轮投票时做出"清晰且快速"的决断,虽然他在今晚并非如此。21点14分,勒庞庆祝了这一"历史性"的结果。"我们实现了第一次超越,"她对聚集在埃南博蒙的支持者们说道,"我们的体系千方百计地要扼杀本应在这次选举中进行的伟大政治辩论,这一点没有逃过任何法国人的眼睛。这场伟大的辩论即将开启,"极右翼的候选人承诺,"法国人民可以在彻底放松管制和更大范围的更替间做出选择。现在是时候解放法国人民了。我是人民的候选人。法国正处于生死存亡之际。"21点16分,梅朗雄在自己的推特上发表了对结果的质疑。"不屈法国"的领导人写道:"我们不承认调查公布的百分比的有效性。主要城市的结果还不得而知。我呼吁大家保持克制,谨慎评论。"22点01分,结果最终稳定下来,梅朗雄出局。他来到办公桌前说:"每个人都清楚自己的职责是什么。从现在起,我会回到我的位置上。我没有获得45万为我投票的人——他们决定让我成为候选人，让我为他们发声——对我的委任。他们可以通过平台进行表态，他们的投票结果也将会被公布。"也就是说，他并没有号召自己的选民将票投给马克龙。22点23分，两周后第二轮投票的首批民调结果出炉。根据相关机构的调查报告，马克龙将以62%至64%的选票大幅领先并击败勒庞。他的胜利势不可挡。22点27分，人们有节奏地高呼"马克龙，总统"。马克龙同布丽吉特手拉手出现在凡尔赛门的舞台上，面对他的支持者们。"今天，法国人民表达了他们的意愿。他们决定让我在第一轮投票中拔得头筹。对接下来我将身负的荣誉和责任，我已经做了考量。"在向失利的对手，尤其是那些呼吁支持他的几位候选人致敬前，他说。"我要感谢波努瓦·哈蒙和弗朗索瓦·菲永，感谢他们号召选民在第二轮为我投票。"他继续说道，"一年以来，我们改变了法国的政治面貌。自今晚起，我要团结所有法国人……对将票投给我的数百万法国人民，我想说声谢谢。我已经预计到了我将承担的重任。我在今晚所体会到的欢乐是一种庄严的欢乐……感谢一直陪伴我左右的家人，感谢布丽吉特。没有他们，就没有现在的我。""从今以后，我有责任更广泛地团结各方……我听到了质疑、恐惧和对改变的渴望。正是这些意愿引导了法国人民，让他们跳脱了在过去三十年里掌权的两大政党……两星期后，我希望能成为你们的总统，法国人民的总统，直面民族主义者威胁的总统，保卫和领导国家重建的总统……我们所面临的挑战不是投票反对谁，而是要打破这三十多年来一直无法应对我国各类问题的现行制度。我们的挑战是翻开新的政治页面……这将是一项艰巨的任务，我已经准备好和你们并肩前行了。战斗已在今晚打响，我们会赢！共和国万岁，法国万岁！"23点40分，结果最终确定。勒庞以七百多万的选票创下了国民阵线在总统选举中的历史最好成绩。00点03分，马克龙和亲信以及他的团队来到位于巴黎蒙帕纳斯区的圆亭咖啡馆庆祝胜利。1点42分，马克龙离开圆亭咖啡馆。5点12分，内政部公布了第一轮投票的官方数据。马克龙获得了 23.75% 的选票,勒庞是 21.53%;菲永第三,得票率为 19.91%,仅稍稍领先得到 19.64% 选票的梅朗雄;哈蒙以 6.35% 的选票位列第五。

马克龙赢得了赌注。然而,在这漫长的一天结束之际,他却犯了个错误。

"在巴黎这个小圈子里,我不需要吸取什么教训"
2017 年 4 月 24 日,星期一

星期天过得飞快。狂喜让人看不清第一轮投票结果的意义。取得第二轮资格让马克龙将谨慎抛至一边,而选举的前景也给他的错误推波助澜。人们要通过影像的慢动作回放才能找出马克龙在 4 月 23 日犯下的错误。他主要有两个重大失误。首先是他的演讲,太过胜算满满。自两年多前起,人们就相信勒庞会进入第二轮投票。因此,只要取得同她竞争第二轮投票的资格,就等于能够轻松当选共和国总统。只不过,继让-玛丽·勒庞——玛丽娜·勒庞的父亲——15 年前进入第二轮投票后,极右翼的这一次回归是一个影响颇大的事件。所有政治大局似乎都向她保证:"她可以赢。"英国脱欧和唐纳德·特朗普的先例就证明了这一点:没有什么是不可能发生的。然而,在获得第二轮投票资格的当晚,马克龙似乎被胜利冲昏了头脑,他严重低估了威胁。周一早晨,评论对他的胜利演讲毁誉参半。有些人说这是"彻头彻尾的失败"。有些人则表示讲话"没有达到应对挑战的高度"。还有一些人则认为他"表现傲慢"。情况确实是这样。"前进运动"的领导者并没有就投票结果采取措施。诚然,就在两个月前,还没有多少人认为他能够进入第二轮。然而,极右翼却取得了自参加竞选以来最好的历史成绩,这令所有民调措不及防。马克龙本应对此予以高度重视,但他却更倾向于欢庆胜利。更糟的是,他立马就前往圆亭咖啡馆庆祝自己的成功。观察家们没有放过这一点,他们将此举与 2007 年同一时间发生的一切做比较。当时,尼古拉·萨科齐在富凯酒店庆祝胜出,他的身边环绕了一帮巴黎股票指数的公司大佬。

这一形象被长久地烙入了他的五年任期。

这种比较不可避免地刺激了马克龙。"前进运动"的领导人成了一种错误感知的傀儡：他没有意识到，自星期天晚上起，法国人就开始把他视为可能的未来共和国总统。因此，对于他的任何微小动作，人们都会赋予强烈的象征性意义。因此，马克龙对这一晚的解释让他们无法理解。"人们应该明白，今晚的我有多么高兴。我邀请的人都是我的秘书、安保人员，还有政治家和作家。他们都是陪伴我从初期一路走到现在的人。如果人们无法理解我的做法，我只能说他们不懂生活。这是我最珍视的时刻，你们知道吗？而且我相信，富凯酒店里可没有这么多秘书和安保人员。"面对膨胀的舆论，马克龙为自己在周六晚上以及周日凌晨的所作所为辩护，"在巴黎这个小圈子里，我不需要吸取什么教训。"说得好听一点，这是傲慢。然而说得难听一点，这是脱离现实，尤其是当极右翼正站在国家权力大门前时。

对马克龙来说，在圆亭咖啡馆的晚餐是一种落叶归根的举动。他正是在那里开启了一切。那里是他初到巴黎时常去的地方。也正是在那里，若干年后，他集结了众多经济学家，为奥朗德草拟经济计划。"前进运动"也是在那里生根发芽的。他的初衷是好的：和那些陪伴他攀登爱丽舍宫的忠诚同伴们共同举杯。"我们当时都身处各处。想来的人都可以加入。"在首轮投票结果公布前，一位团队成员在竞选总部说。为了通知所有人，他们还给不在场的人发了短信。马克龙的一位同事之前就在咖啡馆定好了座位。虽然时间已经很晚，但这不成问题。"马克龙先生来这里已经有十年了。"咖啡馆的老板说。在咖啡馆内，人们迅速发现了熟悉的面孔：演员皮埃尔·阿尔迪蒂和弗朗西斯·贝尔兰德，还有女歌手丽娜·雷诺。"他们是我们的幸运符。"马克龙说。法兰西学院院士埃利克·奥森纳和评论家雅克·阿塔利也来了，后者也是第一个预言今天的主角会成为总统的人。此外还有城市建筑家罗兰·卡斯特罗，记者斯特凡·伯尔尼等许多人。这场晚间聚会很快就变成了"名流"晚宴。

"这里没有什么歌舞升平，也没有'星光闪耀'。"一位参加者表示。然而马克龙还是没有小心行事，他给攻击者创造了一个很好的进攻点。"你可以去圆亭咖啡馆，这没问题。但你要是和萨科齐庆祝胜利的那晚一样，身边挤满了娱乐圈的人，弄得金光闪闪的，那就显示出某种思想状态了。"周一清晨刚到，国民阵线的副主席菲利波就对此进行攻击。如果说马克龙曾拥有第二轮投票的优势，那么由圆亭咖啡馆所引发的轩然大波则显示出国民阵线是绝不会让他轻易糊弄过去的。然而，马克龙似乎并没有勒庞的决心。他在两轮投票之间的竞选活动开始得并不顺利，而且似乎还在原地打转。他必须重新恢复镇定。

"我会自己掌控时间"

2017年4月25日，星期二

两次投票间的竞选活动一般不会很隆重。当勒庞赴各地访问时，马克龙则似乎已经跳过了第二轮投票，开始关注起接下来的事情了：组建政府，以及筹备6月的议会选举。"前进运动"的领导人想要吸引右派，尤其是那些活跃的共和党分子，以此对已经加入他的左派势力进行平衡。自周日晚上起，马克龙阵营的人就开始像清点战利品一般报出一连串名字。"贝特朗在他的地区推行的举措符合我们的政策。还有瓦莱里·佩克莱斯和娜塔莉·科修斯柯-莫里塞。""前进运动"的一位成员说。自从与马克龙在马赛见面后，克里斯蒂昂·埃斯特鲁斯的名字也开始浮现。然而，眼下唯一得到官方橄榄枝的是布鲁诺·勒梅尔。不过，这还要看议会选举的最终情况，看"前进运动"能否在国民议会获得多数席位。如果获得了多数席位，这位曾参加过右派初选的候选人就会选择加入马克龙的政府。"我不会有任何犹豫。"勒梅尔表示。马克龙的一位亲信指出："实际上，有些人已经快要与菲永代表的右派决裂了。这一部分右派人物与我们有很多共同的价值观，我们可以与他们合作。"目前，与右派的接触还在以极为谨慎的形式于幕后进行。前进党依然采取了社会党初选时的相同政策：先到先得。"如果这些人等到议会选举失利的时候才来找我们，那就没有用了。"候选人的一位亲信表示。

在马克龙这边，他还有几个会在总统大选取胜的前景下丢出的奖励。首先就是"前进运动"参加6月议会选举的候选人名单。这只是吸引小人物的诱饵。为了获取更大的"猎物"，他还会把眼光放得更远：部长人选,甚至直接是总理人选。马克龙的一位亲信在竞选总部表示:"任命一名右派总理不无价值,如果这样做能够团结法国人民的话。"唯一的问题是,这位右派总理需要领导议会选举的斗争,与自己先前所在的阵营展开争夺,而对在马克龙取胜后可能被任命的共和党部长们来说也是如此。不过,候选人的一名亲信称:"除非右派真正开始政治重组,否则这些都是不可能实现的。"更直白地说,不排除右派内部会出现破裂,这甚至是目的之一。马克龙周围的人正密切关注来自这一群或另一群人或强或弱的讯号。竞选活动的一名战略决策家指出:"有些讯号不过是一次握手。有些则更为直白地要求'授予骑士称号'。另一些人给予了最大限度的承诺。"然而,在右派危机的背景之下,这些涉及人员招募可能性的讨论极为复杂。候选人的一位亲信就曾委婉地表示要进行"谨慎的会谈",并杜绝潜在招募人员给前进党阵营增添任何压力的可能性。他指出,"与我们联系的人会告知他们自己的时间节点。但我们从来不会下最后通牒,也不会要求他们改旗易帜。"不管怎么说,马克龙并不希望这些讨论在第二轮投票前开始。一名亲信表示:"我们并没有那么迫切地需要右派在两场投票间加入我们。我们的首要任务是要重新凝聚左派选民,呼吁右派选民投票,并驱散菲永在竞选活动中向马克龙投射的负面烟幕弹。"

然而这些大规模的幕后举动也是危险的,尤其是马克龙自己并没有露面发表声明。而不出面,不发声,也就等同于让舆论对自己群起而攻之。有关圆亭咖啡馆那一晚的舆论更加喧嚣了,还有针对他第一轮投票后"失败"的讲话的攻击。连奥朗德也加入了抨击大军。当共和国的总统访问马延省时,他对马克龙提出告诫:"我认为他应当认真和行动起来,当作自己还没有取得什么成就,因为这场投票值得你的投入,它需要你去征服,去证明自己,并去扮演好候选人的角色。"他只是总结了大众对马克龙的总体感觉——他把自己的竞选活动搁置在了一边。

马克龙在最后一刻才宣布要前往嘎尔什的一家医院,商讨残疾人保障的话题。然而问题是,他的竞选队伍忘了通知这家医院。而受邀前来的新闻媒体也因没有得到准许而被拦在了门外。这次缺少电视图像和声音的访问像是没有发生一样。马克龙的亲信尝试弥补,他们通过几部智能手机拍摄了候选人和医院工作人员的交流。但这一切还是给人留下了强烈的门外汉印象——他本该展示出坚定和职业的候选人形象。虽然批评声令候选人恼火,但他仍然需要在走出医院时同新闻媒体见面,将一切拉回正轨。"我会自己掌控时间。我的竞选活动已经过去一年了,我从不刻意遵循媒体的节奏,"他说,"你们必须习惯这一点。我不会为了讨媒体的欢心而跟随你们的节奏。我的节奏是根据对国家有利的事情而定的。"只不过在这一过程中,他还需要关注勒庞。后者也决定让媒体追随自己的节奏,并在暗中为一场阴谋活动做准备。

"我不是来自拍的"

2017年4月26日，星期三

亚眠。电视画面是毁灭性的。法国资讯电视台正在直播：在屏幕一侧出现的马克龙正在一间小办公室里同惠而浦的工会联合会成员讨论，而屏幕的另一边是出现在工厂里的勒庞，她微笑着站在员工中间，和他们自拍。极右翼的候选人组织了一次出色的"竞选活动"。就在"前进运动"领导人调研这家被厂主关闭的工厂的情况时，勒庞意外现身。一边是支持全球化融资的候选人，而另一边则是为员工利益奔走呼告的候选人——这正是勒庞想要制造的两个形象对比。马克龙吃了一记上勾拳，跌入了陷阱。此外，这件事还显示出自从他获得第二轮投票资格后，他的团队的极为傲慢的形象。没有人料到会发生这件事。出行前，他的亲信甚至还在吹嘘："我们和勒庞不一样。马克龙会冒着被喝倒彩的风险，毫不犹豫地走访那些没有给他投票的地区。"在经历了两天的"飘然若仙"后，重回地面是残酷的。不管事实是什么，电视画面说了算。不管马克龙是否打算在接下来的时间会见工厂员工，勒庞依然占了上风。不管他现在做什么，似乎都只是对国民阵线主席行动的应急反应。而且勒庞还在工厂停留了大约一刻钟的时间——这正是她向媒体发表声明的时间。"当我在停车场和员工们待在一起时，我听说马克龙也在这里。但他并不打算同员工见面。他不是来同罢工者团队见面的，而是要去某个商会会议室，见几个精挑细选出来的人。我认为这明显是对惠而浦员工所经历的一切的蔑视。这也是我选择走出我的竞选委员会、赶来同你们见面的原因。"勒庞在离开前说。她赢得了上风；而马克龙需要重新夺回控制权。

在会见惠而浦工会的会议室里,马克龙组织了一场媒体会,告诉公众他将前往工厂。这让他的安保团队十分紧张,因为什么都有可能发生。

当他到达工厂时,难以形容的混乱一路伴随他走向大门。局势越发紧张。当失控的记者和惠而浦员工开始在他周围聚拢时,他的保镖和他一样在努力拨开道路上的人群。不远处停着警方的一辆摩托车,以便在情况急转直下时让候选人撤离。"勒庞,总统!"的呼声越发高涨。烧焦的轮胎冒出了浓烟,空气让人窒息,烟灰粘在了人们的皮肤上。

"我不是来蛊惑人心的。我也不是来自拍的。"马克龙说道。他花了足足半个小时才来到与员工见面的地点,并驱散了记者。只有他的竞选团队在拍摄,他们将视频传送到候选人的脸书(Facebook)账户上进行直播。他进行了一场近一个小时的无疾而终的讨论。他试图说服员工,维护自己的立场,谴责勒庞的行为……虽然没有取得进展,但紧张的局势已经有所缓和。当马克龙离开时,他甚至同一些在他抵达时拒绝和他接触的员工握了手。勒庞的破坏虽然影响有限,但这一插曲很有可能导致他的彻底惨败。马克龙受到了严重警告。

"勒庞女士绝不会到这样的街区来"

2017 年 4 月 27 日，星期四

马克龙得到了教训。勒庞周三在惠而浦员工面前的闪耀出击让马克龙加强了行程安排的保密性。"前进运动"的领导人本来就倾向于不提前公布访问，以便为他的竞选活动保留回旋空间。因此，他在最后一刻才动身前往瓦勒德瓦兹省的萨尔塞莱。他要去访问一家在郊区城镇推行足球运动场地建设的协会——城市体育。此外，他还要去警局会见警察。由于他做了很好的保密工作，连萨尔塞莱的大部分副市长都不知道他的来访。

马克龙似乎从亚眠的闹剧中还得到了一个教训：必须拥有影像的控制权。当他与一群青少年聊天时——这群热情的年轻人将他围住，一会儿要求和他拍照，一会儿又让他签名——他的团队也在负责向候选人的脸书（Facebook）网站上传实时影像，正如前一天他与惠而浦员工充满火药味的见面一样。而此举也标志着他与国民阵线候选人间的博弈。"勒庞女士绝不会到这样的街区来。"候选人向三名学生说道。"马克龙，总统！"孩子们叫嚷着。

自亚眠的插曲后，马克龙似乎又重新变得干劲儿十足。在前几天的得意忘形后，"前进运动"的领导人又迎来了第二轮竞选活动的加速阶段。在左派和右派正为 6 月议会选举进行重大运作的大背景下，马克龙一度又给人留下了想要跨过第二轮选举的印象。此外，在取得 5 月 7 日第二轮投票的资格后，"前进运动"的议员资格授予委员会又收到了大批申请。"自星期日以来，除已经录入的 14000 个人员名录外，我们又接到了近1000个申请","这是我头一次在直接管理电子邮件和短信时遇到麻烦。"委员会的一名成员说。他对"候选人的质量"感到欣慰。简而言之，众多潜在候选人的存在也很可能为"前进运动"的议会选举带来胜利。不过，正式的任命还要到第二轮投票结束后才会公布。

  与勒庞间的对抗依然是当下的重中之重，此外还要为5月3日的总统竞选辩论做好准备。该辩论将在法国电视一台和法国电视二台上直播。马克龙非常清楚，这将成为两人对抗的高潮。在他的总部里，人们正在积极地为辩论做准备，并努力破解对手的弱点。"她不擅于长篇辩论，她很容易被激怒，她无法忍受批评，她会回避经济和社会问题，并会回到诸如关闭边界等传统话题上去。"大家已经确定了一个攻击的角度，"勒庞在农业、安全和经济等方面的纲领，并将这些话题置于脱欧的假设上。如果在全民公投中，法国人民拒绝离开欧盟，那么勒庞将无法阐释她接下来要采取什么措施。她没有替代计划。在这种情况下要怎么办？"

"他们才是我们真正的敌人,他们强大、有组织、狡猾、坚决:他们就是法国极右翼"

2017年5月1日,星期一

罗亚尔来了。这位2007年的候选人在马克龙于巴黎拉维莱特举办的会议上不请自来。她事先并没有告知自己的到来,组织者惊讶地发现她在前排的一个位置坐下了。现在不再是耍花招的时候。自从勒庞引发的局势越发紧张,为马克龙投票的呼声也在高涨。虽然右翼极端候选人想要获胜依然道阻且长,但第二轮选举大规模弃权的威胁让焦虑死灰复燃。在右派中,菲永的许多选民已经表示会无视其候选人的指示,在投票时选择弃权。梅朗雄那一边的情况则更糟。因失败而受到重创的"不屈法国"领袖连马克龙的名字都不愿意提。他在网上发布了大段视频,目的是解释他的立场,但却没有说服力。实际上,在第一轮的落败者中,很多人现在一心只想着议会选举。呼吁阻止勒庞,将票投给马克龙只会使接下来的竞选变得更加复杂。因为在对马克龙表示了支持后,人们就很难再在竞选中同他竞争。这些躲闪和推诿没有逃过马克龙的眼睛。自上周起,他就决定重新确立第二轮投票的关键:将勒庞重新打回极右翼候选人的原形。他的目标是再一次揭露国民阵线的丑恶嘴脸。

上周五,他还组织了赴格拉讷河畔奥拉杜尔的访问,这个小村庄在"二战"时期曾惨遭德军的血洗。"遗忘历史就等于陷入重蹈覆辙的危险。"他说。周日,他前往位于巴黎的纳粹大屠杀纪念馆,在那里向76000名遭纳粹驱逐出境的法国犹太人——包括11000名儿童——致敬。他说:"我们今天身负双重责任,一是纪念……二是不再重蹈覆辙。我们不能向可能会诱惑我们中的一些人的任何道德衰退和相对主义妥协。我们也不能试图在否定主义中找到避难所。因为过去发生的事情是令人难忘和不可原谅的。我们应当永远避免它再次发生。"

在他召集巴黎会议前的这个周一，他还悼念了卜拉欣·巴拉姆。1995年，这位年轻的摩洛哥人在国民阵线的游行中被极右翼光头党杀害。"很多人都已对此见怪不怪，但是我没有。极右翼承认过他们的罪行吗？"马克龙向国民阵线发问，"你们听到了极右翼候选人几周前在冬季自行车馆的声明了吗？我绝对不会忘记这些。我会奋战到最后一刻。我不仅会和勒庞推崇的纲领抗争，还要反击她所谓的民主和共和国理念。她的理念和我背道而驰。"这就是马克龙为了将勒庞赶回她的政党而给她设定的框架。马克龙还要在讲台上大声疾呼，从演讲的第一个字开始，他就要给予极右翼以牙还牙的打击。"他们就在那里。他们才是我们真正的敌人，他们强大、有组织、狡猾、坚决；他们就是我们真正的敌人。你们会在大街上遇到他们，或是在银幕上看到他们，他们既可恨又懦弱；他们就是法国极右翼。还有她。"在马克龙提到对手前，他做出以上评价。观众嘘声四起。然而和以往不同的是，马克龙等了一会才打断他们，他甚至让他们在他提及杜邦-艾尼昂与勒庞在近期的结盟时继续发出嘘声。

尽管法国崛起党的党魁（指杜邦-艾尼昂）在过去几个月，甚至是几年中与国民阵线候选人政见相反，他还是在近期加入国民阵线，以此换取在勒庞赢得大选的情况下总理的提名。当马克龙揭露这一段故事时，全场观众勃然大怒。"大家不用再喝倒彩了。这个可怜虫。他已经输了，而且还颜面扫地……"马克龙的讽刺激起了人们的大笑和嘘声。然而，马克龙的任务不只是开点无关痛痒的小玩笑，他还要指出第二轮投票的关键，号召菲永和梅朗雄的选民为他投票。他表示，这场投票不亚于一场"为共和国和自由民主发起的战斗"。他向那些仍然在犹豫是否要给他投票的选民发出了明确的信息。"我们在这里共同肩负这一超出我们原本责任范围的重担,以保护我们对彼此间不同的互相尊重。明天,一些在今天给予我支持的人可能会反咬我的纲领。但是我的奋斗正是为了让你们在实现自己的奋斗的同时,依然保有各自的不同。我的目的就是让这一点得以实现。"他说。然而,如果说马克龙演讲的对象是那些仍在怀疑他的选民,但他还是拒绝为了让还在等待的梅朗雄亮明立场,而向后者做出任何保证。马克龙表示不会推迟劳动法改革,他计划让这一法案最早在今年夏天通过。不过,他宣布成立委员会来评估《综合性经济与贸易协定》[①]的影响——这一旨在加强与北美自由贸易的协定受到了梅朗雄及其支持者的质疑。但这还不足以让梅朗雄表明态度。

---

①加拿大与欧盟之间的自由贸易协议。

"在赴这种约前最好保持良好的状态"
2017年5月2日，星期二

与马克龙团队一名成员的谈话：

——明晚的辩论，他准备得怎么样了？

——他花了大量时间准备和休息，在赴这种约前最好保持良好的状态。

——他紧张吗？不管怎么说，压力一定很大吧。

——他处理事情时会一件接一件地处理。辩论是下一步，但他已经预计到这一步了。他对自己的纲领很熟悉。他想要揭发国民阵线缺乏条理的纲领。

——他和什么人演练过吗？

——演练没什么用，这一类辩论非常注重临场反应。不过，他能够适应。

"我们没有料到她一开口就如此恶毒"

2017 年 5 月 3 日，星期三

这是总统大选的保留节目：有资格角逐第二轮投票的两位候选人会进行辩论。在令人精疲力竭的数月竞选活动后，这是候选人阐释纲领的时机。这也是候选人最后一次面对面辩论的机会，它既是挑战者迎头追赶，也是赢面更大者巩固领先优势的机会。在政客眼中，这场辩论很少能够扭转局势；它只会让人加深某种印象，加强一种信念，或是让人当机立断地做出决定。

往往一小句话就会让观众感觉出谁是赢家，这样的话也将被载入史册。1974 年，瓦勒里·季斯卡·德斯坦曾说过："密特朗先生，您无法拥有人心。"而他也于几天后当选总统。1988 年，希拉克说道："今晚我不是总理，您也不是共和国总统。我们只是两个候选人，所以请允许我称呼您为密特朗先生。"随后，对方回答："您说得有理，总理先生。"到了 2007 年，罗亚尔在面对萨科齐时爆发出的"有益健康的愤怒"了无成效。而五年后，面对同一位（指萨科齐）候选人的奥朗德用他那带着首句重复修辞的"我，作为总统"终于打中了靶心。这一对抗仪式只被取消了一次。那是 2002 年，希拉克拒绝与让-玛丽·勒庞进行辩论。当时的共和国总统希拉克不想向极右翼提供一个曝光率极高的舞台。

因为公众总会如约而至——辩论的观众通常会有 1500 多万。在辩论前，在辩论时，甚至有时是辩论结束后，紧张气氛都会达到顶峰。候选人没有犯错的权利：任何小错都要付出代价。然而，在星期三晚上参加辩论的两个人却都不同寻常。在第五共和国历史上，第一次出现了两大传统主流政党没有进入第二轮投票的情况。对国民阵线来说也是第一次进入第二轮投票。而与之辩论的另一个党派才刚刚成立一年,这同样也是前所未有的。对于辩论的走向,人们难以预计。

在勒庞这边,她的助手们四处宣扬她的备战:她在撰写发言稿,她在获取资料,她正对马克龙的措辞进行分析。然而另一边却是一片空白,全然沉默,就像一个巨大的谜团。马克龙的亲信甚至对流言起到了推波助澜的作用:如果辩论进行得不顺利,如果极右翼的候选人过于咄咄逼人,他会选择离开舞台。此举是虚张声势吗?还是烟幕弹?勒庞在自己的推特上回应:"如果马克龙先生感觉不适,他可以随时要求弗朗索瓦·奥朗德来握住他的手,我不会反对。"如此一来,她也亮出了她的攻击角度:将"前进运动"候选人等同于奥朗德五年任期的继承人以及共和国总统留下的烂摊子的接手人。在两个阵营中,压力都在剧增,以至于当候选人走入位于拉普莱纳-圣德尼的演播室时,紧张氛围达到了顶点。这场辩论是面向未知的飞跃。它将令法国人倍感惊异。

从一开始,勒庞就发动了攻击,她"捏住"马克龙的喉咙,连珠炮似的说出了下面一长串话语:"野蛮全球化""优步化[①]""社会暴行""经济破坏""屠杀法国""族群意识""一切都是奥朗德在幕后操纵"……这不是个好开头,它也对接下来的两个半小时做了预警。在讨论中,没有任何一刻,也没有任何主题或提议是具有实质意义的。马克龙经常露出极为惊讶的神情,仿佛他被禁止发言,或是不知道该如何是好。勒庞抛出了大量资料和数据,不过她的这些数据都是近似值,而且多次遭到对手的修正。马克龙努力在夹击中阐释他的纲领。"我的纲领是严肃的,我不会表演山羊跳。"他说。勒庞咄咄逼人。她企图让马克龙窒息,因而又增强了炮火。她的策略就是全面交战,对对手不断进行轰炸。而马克龙

[①] 优步(Uber)是一家移动互联网创业公司,通过创新科技为乘客和合作司机提供出行选择。优步化指用基于新型数码工具的经济模型来变革自身的业务。

则努力解释他的纲领,捍卫自己的提议,并证明自己的选择。他多次怒不可遏地回击:"不要再说谎了。"有时还会摆脱自己在这场竞选中常被赞许的冷静和"宽容"形象。"这是无稽之谈","真是蠢话连篇","天大的谎言","您还真不是个精益求精的候选人","您的提议就是江湖郎中卖假药",他几乎无法再掩饰自己的愤怒。然而,勒庞不断重复她的指责,以期激怒马克龙,即使这意味着她要冒着谈及自己漏洞最多的提议——保留欧元兑换法郎——的风险。"如果您当选,那才是历史的倒退,"马克龙最终哀叹道,"国家对您来说一点也不重要,您对它没有任何规划……您不过是这个您所指责的体系的共同产物。您是它的寄生虫。"随着时间的流逝,勒庞试图给马克龙最后一击。马克龙总结道:"勒庞女士,我不是来参加电视节目的。您尽可以留在电视上。而我,我要领导这个国家。"

  两个半小时后,辩论结束,他有些晕眩地走下了舞台,无法对自己的表现做出任何判断。当他走回自己的隔间时,他的亲信——包括贝鲁,费兰德和科隆博等人——为他鼓掌。他们向他肯定,勒庞是在自取其辱。在一个节目中,她破坏了国家阵线五年以来的去妖魔化努力,露出了极端主义和她自己的真实面目。含沙射影、满嘴谎言、咄咄逼人、缺乏准备……她的面具轰然倒塌。马克龙身边的人预计到了其他一切,却没有料到这一点。"我们设想的是两个情景:一个是弗洛里安·菲利波特风格,偏向阴沉。另一个是勒庞的侄女玛丽安·马雷夏尔-勒庞。但是,我们从没想到,她一开口就如此恶毒。"克里斯托夫·卡斯塔纳表示。在如此直接的败退面前,极右翼的候选人似乎无可挽回地远离了胜利。而对马克龙来说,在这场疯狂的竞选活动行至尾声时,两方的辩论最后反映出来的不过是暴力而已。马克龙终于可以坚定最终胜利的前景了。

"贝鲁会在政府和政治中担任重要角色"

2017年5月4日，星期四

  一段时间以来，马克龙都要面对一个大麻烦。胜利的前景扩大了人们的胃口和野心。总理的人选尤其成为传言的对象。谁将担任他的总理？这个问题至关重要。根据职位定义，总理将是"议会多数席位的领导者"。然而，如果马克龙当选了共和国总统，他的多数席位会不会至多只能坚持一个月？在星期三辩论前公布的民意调查显示了初步的结果。"前进运动"拿下的席位刚好超过288个。右派将保留与奥朗德时期人数相当的队伍，即200至220名代表。国民阵线最多只能拿到20个席位。至于社会党，40位民选代表已经是极限，这将比1993年的情况更糟，当时他们还占据了半圆形议会大厅内的50多个席位。对右派来说，议会选举是总统竞选后的报仇机会。如果不是因为菲永的触礁，右派本可以期待在总统选举中胜出。

  因此，对未来可能成为共和国总统的马克龙来说，当前的关键是，从现在开始就为此次议会选举之战进行准备。"法国人民是前后一致的，从他们决定将马克龙选为共和国总统的那一刻起，我就相信，他们不会在三周之后的国民议会选举中剥夺马克龙对国家的治理权。"费兰德表示。这位"前进运动"的秘书长已经准备好领导这场战斗，他的目标是总理府。然而，他的竞争者众多。其中有来自中右派的盟友贝鲁，自运动伊始就同马克龙站在统一战线上的里昂市市长哥伦布。此外还有广受欢迎和富有经验的国防部部长勒德里安，希拉克的前中间派部长安娜-玛丽·伊德拉克……所有这些名字都在名单中流转。右派中甚至也有人请缨，比如共和党初选候选人勒梅尔。马克龙的一个亲信开玩笑地表示："他对我们的游说简直让人难以招架。"选择一名来自右派的总理，是考虑到极右翼进入第二轮投票造成的选情——这是继让-玛丽·勒庞拿到第二轮选举资格后，国民阵线时隔15年后又一次进入第二轮投票。当时，希拉克让为反对国民阵线而团结一致、大规模将选票投给希拉克的左派选民倍感失望，因为希拉克任命让-皮埃尔·拉法兰[①]为总理，而且继续进行右派执政。马克龙不想重蹈覆辙。他在对共和党进行观察。贝特朗、贝克莱斯、修斯柯-莫里塞……他反复揣摩所有人的名字。他会隐藏谜底。在最后一轮投票前，他不会宣布名字。这不是第五共和国的惯常做法。不过，他注意到，勒庞在辩论前几天就曾宣布，如果她当选总统，会任命杜邦-艾尼昂执掌总理府。

不过，在阿尔比举行会议的马克龙还是揭开了面纱的一角。当被问及会选择谁作为他的未来总理时，他回答说："是的，我一直对这个选择保密……如果我当选，我会在接下来一周完成政府的最终构建。但总理人选将在权力移交后公布。在这之前我是不会公布的。"他重复道，并且拒绝"玩猜谜游戏"。他承诺，总理"将会继承他所有的承诺，他要能够和他玩影子游戏[②]"。这个人会是"有政治经验的人，他会拥有领导议会多数党的能力"。他顺便指出，"贝鲁会在政府和政治中担任重要角色"。他指的是总理府吗？然而问题是，这位中间派领导人（指贝鲁）曾因为在2012年反对尼古拉·萨科奇、号召将票投给奥朗德而受到右派的鄙夷。总而言之，就算马克龙心中已经有了想法，对他的团队来说，总理候选人依然是一个谜。

[①] 2002年拉法兰被希拉克任命为总理。2004年，由于法国执政的右翼政党在地方议会选举中惨败，为承担责任，拉法兰向总统希拉克递交了辞呈。但希拉克在接受拉法兰的辞呈后，又立即任命他为新总理。2005年，拉法兰辞去总理一职。
[②] 一种可以通过回答一系列问题来了解对方的游戏。

"一切都很复杂"

2017年5月5日，星期五，巴黎

与一位社会党代表的通话：

——马克龙终于获得他的政治空间了！去年，您还不相信。您曾经向我保证，他没有半点机会。

——但他得到政治空间是因为奥朗德的弃权。我一直都说马克龙拥有扎实的基础，但他也应当扩展这一基础。奥朗德一放弃竞选，就为他打开了空间。

——对之后的议会选举，您有什么看法？

——很复杂。我们有点像是在雾里看花。正常来说，应该出现一股浪潮，但是今年的选举是前所未有的，我们也不知道结局会是什么样。

——您是会以社会党人的身份还是"前进运动"党员的身份参加呢？

——我已经呼吁人们给他投票了。之后的话……

——因为有人告诉我，您申请了"前进运动"的议员。

——……

——喂喂，听得见吗？

——一切都很复杂……

"这不是一个单纯的黑客行动,而是企图破坏法国总统大选稳定的行为"

2017年5月6日,星期六,勒图凯

马克龙回到了勒图凯。第二天早晨,他要在这里参加投票,然后再赶赴巴黎。几天来,人们对他能够当选总统已经几乎不再怀疑,只需要比较两个阵营的准备工作就可见一斑。在选举前的这个晚上,勒庞的团队在一家位于巴黎16区、接待能力有限的餐馆预订了位置。餐馆的名字叫作"岛上小屋"。在马克龙团队看来,那里无论如何都显得非常逊色。他们则要寻求一个既不显得太左——比如巴士底广场或共和国广场,也不太右——如协和广场或特罗卡德罗广场——的地方。于是,候选人最终将目光投向了卢浮宫广场。它是象征历史、文化和法国的标志。如果马克龙取得胜利,那里也将会是他在周日晚上邀请支持者们揭晓结果、欢庆胜利的场所。

然而,投票前的晚上,竞选还是发生了戏剧性的事件。在"前进运动"位于布列塔尼的一场会议上,马克龙的副手柯琳·叶荷莉在距离活动结束还有几个小时的时候身体出现严重不适,在演说过程中突然身亡。虽然马克龙仅仅表示自己"受到了震动",但这一悲剧性的损失实际上对他造成了严重的打击。柯琳·叶荷莉是最早加入他的第一批人之一。在周围人看来,她是最值得信赖的人之一,也是至少有望在马克龙获胜后得到部长职位的人选之一。

然而候选人刚得到这个噩耗,就不得不转而关注另一个和竞选相关的新动态。临近午夜时分——午夜一到,马克龙及其团队就必须遵循选举法的规定,不得发言——有一条信息开始在推特上被上大量转发:维基解密网站宣布入侵了"前进运动"的邮箱，截至2017年4月24日的大量邮件、照片和文件都被放到了网上。很快，菲利波就在自己的推特上转发了消息。"马克龙的泄密者会不会获得被调查记者故意掩盖的信息？民主的败退真是可怕。"这位勒庞的左膀右臂写道。此时离投票还有不到几小时的时间，这足以让人们将其视为国民阵线在所有人都即将保持沉默之前的操纵。

马克龙的团队忙碌了起来，他们只剩几分钟的时间来做出解释。此时是夜里11点55分。"前进运动"发布了新闻稿："传播这些文件的人在原件中添加了许多虚假信息，目的是散播怀疑和不实言论……我们呼吁想对此进行报道的媒体认真承担责任。这不是一个单纯的黑客行动，而是企图破坏法国总统大选稳定的行为。"马克龙刚到达勒图凯，就在这份文件上签了字。

现在已经是午夜，竞选活动正式结束。如同它在艰难的氛围中的开始，它也在糟糕的气氛中落下帷幕。长久以来，马克龙的队伍就担心在竞选活动中遭遇黑客。从一开始起，候选人的助手就只通过加密的应用程序进行通信。竞选总部设有强大的防火墙，用来保护政党的计算机系统。最终，他们还是败给了黑客的毅力——人们怀疑黑客是在俄罗斯进行远程操控。

虽然人们担心不已，但这一大规模的泄密还是没有揭露任何破坏大选的信息。骰子似乎已经被掷了出去。最新的民意调查结果显示，在与勒庞的辩论结束之后，马克龙的支持率有所上升。他也开始牵头进行今后的安排：任命总理，组建政府，最重要的是议会选举争夺战——后者被视为总统选举的第三轮投票，它将决定他是否能在国民议会中获得绝对多数席位。通常情况下，该选举是对总统竞选结果的肯定或扩大。马克龙在竞选活动中强调："自1958年以来，我们就从未见过法国人民在议会选举中做出与其几周前总统选举中相反的决定。他还是不能在第二轮投票后犯任何错误。这是从明晚起（也就是2017年5月7日，星期日）即将开启的下一阶段的关键所在。"

一场竞选活动刚结束，另一场就又要紧锣密鼓地打响了。征战的小说已经完结，五年任期要开始了。

EMMANUEL MACRON: LES COULISSES D'UNE VICTOIRE
Copyright © 2017 by Editions de l'Archipel
Copyright licensed by Editions de l'Archipel
arranged with Andrew Nurnberg Associates International Limited
Simplifed Chinese edition copyright: 2020 New Star Press Co.,Ltd.
All rights reserved.

著作版权合同登记号：01-2017-8378

图书在版编目（CIP）数据

胜利的幕后：一位记者眼中的法国总统马克龙 /（法）弗朗索瓦-泽维埃·波芒德 著；张园园译 . ——北京：新星出版社，2020.9
ISBN 978-7-5133-3929-2

Ⅰ.①胜… Ⅱ.①弗… ②张… Ⅲ.①马克龙-传记 Ⅳ.① K835.657=6

中国版本图书馆 CIP 数据核字（2019）第 301171 号

胜利的幕后：一位记者眼中的法国总统马克龙

[法] 弗朗索瓦-泽维埃·波芒德 著；张园园 译

责任编辑：孙立英
特约编辑：巴　扬
责任校对：刘　义
责任印制：李珊珊
装帧设计：冷暖儿

出版发行：新星出版社	
出 版 人：马汝军	
社　　址：北京市西城区车公庄大街丙3号楼　100044	
网　　址：www.newstarpress.com	
电　　话：010-88310888	
传　　真：010-65270449	
法律顾问：北京市岳成律师事务所	

读者服务：010-88310811　　service@newstarpress.com
邮购地址：北京市西城区车公庄大街丙3号楼　100044

印　　刷：北京天恒嘉业印刷有限公司
开　　本：660mm×970mm　1/16
印　　张：16.25
字　　数：210千字
版　　次：2020年9月第一版　2020年9月第一次印刷
书　　号：ISBN 978-7-5133-3929-2
定　　价：58.00元

版权专有，侵权必究；如有质量问题，请与印刷厂联系调换。